본문이 살아있는 설교

본문과 현장이 만나는
설교의 새로운 지평을 열다

권호 지음

Text-Driven Preaching

아가페

본문이 살아있는 설교

지금의 내가 있도록 가르쳐주신 설교학의 거장,

고(故) 해돈 로빈슨(Haddon W. Robinson)
데이비드 알렌(David L. Allen)
캘빈 피어슨(Calvin F. Pearson)

교수님들께 감사로 헌서합니다.

추 천 의 말

● 현대 설교학 현장에서 본문에 충실한 설교로 돌아가고자 하는 진정성 있는 회복의 노력이 '본문이 이끄는 설교 운동'에서 일어나고 있다는 것은 참으로 흥분되는 사실이 아닐 수 없다. 권호 박사의 『본문이 살아있는 설교』(Text-Driven Preaching)는 이런 최근 설교학적 움직임에 없어서는 안 될 결정적인 신간이다. 이 책은 성경적으로 견고하고 명료할 뿐 아니라 매우 실제적이다. 나는 이 책을 강력하게 추천한다!

_ 데이비드 알렌(David L. Allen)
사우스웨스턴신학교 설교대학원 학장, '본문이 이끄는 설교 운동' 공동 창시자

● 하나님의 말씀을 설교하라는 것은 모든 시대의 교회를 향한 그분의 명령이다. 그러나 21세기 그 가치에 대해 의문을 품는 사람이 많이 있다. 권호 박사의 책『본문이 살아있는 설교』는 설교자가 어떻게 본문에 충실하게 설교를 준비하고, 현대 청중에게 잘 전달할 수 있는지 탁월하게 안내하고 있다. 이 귀한 저서를 통해 권 박사는 뛰어난 설교자요 교사로서 설교에 대한 놀라운 통찰을 제시하고 있다.

분명 이 책은 설교 초보자에게도, 경험 많은 목회자에게도 귀중한
안내서가 될 것이다.

_ 마이클 두두잇(Michael Duduit)
앤더슨대학 학장, Preaching magazine 수석 편집장

● 만약 설교를 단지 종교적인 주제를 나누는 것으로 생각한다면
이 책은 당신을 위한 것이 아니다. 그러나 당신이 설교 강단에 서서
"하나님은 이렇게 말씀하십니다!"라고 외치길 원한다면, 권호 박사
의 책은 그것을 어떻게 해야 할지 잘 가르쳐줄 것이다. 권 박사는 어
떻게 말씀을 준비하고, 그것을 어떻게 구체적인 설교로 만들지 세밀
하게 가르쳐줄 것이다. 이 시대에 지금 필요한 것은 선포된 말씀을
듣는 것이다. 이 책은 살아있는 하나님의 말씀을 전하길 소망하는
설교자가 영광스러운 설교 사역을 감당할 수 있도록 도와줄 것이다.

_ 캘빈 피어슨(Calvin F. Pearson)
텍사스 크로스우즈교회 목사, 달라스신학교 · 사우스웨스턴신학교 겸임교수

● 설교란 하나님이 들려주시는 말씀을 땅 위의 사람들에게 들려
주는 거룩한 사명이다. 하늘의 음성은 성경본문에 몰입할 때 분명하
게 들려오고, 성도의 삶에 적실하게 적용될 때 능력 있게 나타난다.
권호 교수님은 설교 작성과 전달의 두 축을 씨줄과 날줄처럼 아름
답게 묶어 깊고도 쉬우며 유익하고 실천적인 명품을 탄생시켰다. 이

책을 손에 잡은 사람이라면 누구든 설교라는 바다에서 소망의 항구로 인도하는 나침반을 만나게 될 것이다. 그 나침반을 꼭 따라가보라. 설교자는 강단의 변화를 체험하고, 회중은 생명의 말씀에 삶의 변화를 경험하게 될 것이다.

_ 류응렬
워싱턴중앙장로교회 담임목사, 전 총신대신학대학원 설교학 교수

● 설교는 분명 목사의 영광스러운 특권이지만 거룩한 부담으로 목사를 짓누른다. 목사는 설교를 잘한 후에도 내가 아닌, 하나님의 메시지를 제대로 선포하고, 그 메시지를 공감하게 전달했는지 고민한다. 이 책은 이러한 고민 속에 사는 목회자들에게 가뭄 후에 단비와 같다. 목회자들이 본문의 핵심을 바르게 이해하고 성도들의 가슴에 와 닿게 핵심 메시지를 전달할 수 있도록, 실제적인 안내와 지침을 제공할 것이다.

_ 유상섭
현 창신교회 담임목사, 전 총신대 신약학 교수

● 오늘 한국 교회의 위기는 강단의 위기라는 말을 종종 듣는다. 말씀을 있는 그대로 선포하지 않고, 선포한 그대로 살아내지 않는 목회자와 성도들의 현실을 지적하는 말인 것 같다. 이런 상황이기에 권호 교수님이 수고하여 만든 『본문이 살아있는 설교』가 반갑고

감사하다. 오늘도 최선을 다해 설교 강단에서 땀 흘리는 사역자들에게 이 책이 큰 힘이 되리라 믿는다. 성경본문이 말하고자 하는 내용을 충실히 드러내어 말씀을 전하는 것과 그렇게 선포된 말씀을 진지하게 살아내려고 애쓰는 몸부림이 필요하다. 그 몸부림에 하나님의 은혜가 임하여서 다시 한 번 한국 교회에 부흥과 회복이 일어나기를 소망한다. 그런 마음으로 이 책을 기쁘게 추천한다.

_ 이찬수
분당우리교회 담임목사

● 설교자는 언제나 본문과 청중을 동시에 향하여 선다. 그러므로 해석과 전달은 설교자가 반드시 수행해야 하는 설교의 두 기둥이다. 본문을 내용으로 하지 않은 설교는 감언이설이다. 청중에게 전달되지 않는 설교는 무용지물이다. 이 책은 이 두 문제, 곧 본문의 해석과 청중을 향한 전달을 심도 있게 그러나 매우 실천적으로 제시한다. 특히 본문에 집착하는 설교를 위한 구체적인 방안을 제시하고자 하는 저자의 집착은 놀랍다. 사실 설교의 본문 이탈 현상은 지난 세월 동안 한국 교회 설교가 저질러온 치명적인 잘못이었다. 본문에 집착하고 몰입하는 설교가 시급히 회복되어야 한다. 본문에 근거하고 청중을 향하는 설교를 소망하는 모든 설교자에게 이 책은 확실하고 효과적인 길잡이가 될 것이다.

_ 정창균
합동신학대학원대학교 총장, 설교학 교수

● 드디어 '토종'『본문이 살아있는 설교』가 나왔다! 최근 북미 설교학계에서 가장 주목을 끄는 움직임인 '본문이 이끄는 설교'의 철학과 방법론이, 탁월한 설교 신학자이자 뛰어난 현장 설교가인 권호 교수님의 경험과 손길을 통하여 거듭났다. 이 책은 한국 목회자들과 신학생들에게 띄우는, 본문에 단단히 매이기에 오히려 설교 실제에서 신비한 자유를 누리게 되는 놀라운 설교 세계로의 초대장이다. 저자는 이 책을 통해 본문에 강하고 현장에 능한 설교자의 꿈을 실현하는 길을 또렷이 보여준다. 즉, 본문이 지닌 권위 있는 목소리를 담으면서도, 목회 현장의 필요에 그 목소리가 생생하게 들리게 하는, 권위 있고 적실한 설교를 작성하는 구체적인 지침을 풍성하게 제공한다. 따라서 일독을 강력히 권한다. 설교자라면 이 책을 읽어 내려가면서 본문과 현장이 만나는 설교의 새로운 지평이 열리는 것을 경험하게 될 것이다.

_ 김대혁
총신대신학대학원 설교학 교수

● 목회 현장에서 설교자의 길을 가며, 신학교에서 설교학자로 설교학을 가르치는 권호 교수가 〈기독신문〉에 연재한 글을 엮어『본문이 살아있는 설교』를 출간했다. 동료로서 나는 언제나 권호 교수의 글에 감동받는다. 그 글이 늘 현장 중심일 뿐 아니라, 글 자체에 권호 교수의 인격이 묻어나기 때문이다. 또 이 책은 권호 교수의 설교학적 사상을 쉽고 간결하게 전달하며, 읽는 자들에게 설교가 무엇인

지, 설교자는 어떤 사람인지 되새김질하게 만든다. 그러므로 이 책은 경험 많은 설교자에게는 자신의 설교를 반추하게 만드는 거울의 역할을 하고, 초보 설교자에게는 설교의 기초를 가르치는 교과서의 역할을 할 것이다.

_ 박성환
웨스트민스터신학대학원대학교 설교학 교수

● 한국 교회 설교가 메마르고 의심받는 상황에서 저자는 설교의 다양성과 진정성을 확보하기 위해 '오직 성경'으로 돌아갈 것을 역설한다. 이런 기본 토대 위에서 저자는 설교문 작성에 필요한 다섯 단계를 쉽고도 설득력 있게 제시할 뿐 아니라, 설교 전달을 위한 실제적 안내와 설교 예시까지 친절하게 제공하고 있다. 본서는 압축적이면서도 알찬 내용으로 구성되어 있기에, 하나님 앞에서 바른 설교를 꿈꾸는 목회자들에게 강력히 추천한다.

_ 박태현
총신대신학대학원 설교학 교수

● 설교에 여러 종류가 있지만 가장 성경적인 설교를 강해설교라 한다. 따라서 설교하는 사람은 강해설교를 제일 선호하는 편이다. 강해설교는 본문의 중심 메시지를 잘 추출해 그것을 청중에게 잘 적용하는 설교를 의미한다. 그런데 나는 그 정의에 만족하지 못하는

사람 중 하나다. 대부분의 설교학자들이 성경적 설교를 본문의 핵심 내용 파헤치는 일에만 국한해왔기 때문이다. 본문이 말하고 있는 중심사상을 찾으려 애쓰면서도, 그것이 전달된 장르에 대해서는 눈을 뜨지 못했다는 말이다. 어떤 내용(what)을 말하는지도 중요하지만, 그것을 어떻게(how) 전달하는지도 중요하다. 권호 교수가 쓴 본서는 이 두 마리 토끼를 다 잡으려는 신선한 시도에서 나왔다. 본서는 본문이 말하는 바(central idea)에 충실하면서도 그것을 효과적으로 잘 전달하는 방법이 무엇인지 구체적으로 보여준다. 성경적 설교를 원하는 이들에게 일독을 강력히 권한다.

_ 신성욱
아세아연합신학대학교 설교학 교수

● 본서는 우리 설교자들이 어디에 서 있어야 하고 거기서 무엇을 해야 할지 강력하면서도 매우 친절하게 안내한다. 먼저 설교자와 하나님 사이에서는 성경본문으로 돌아가 엎드리고 그 속에 내재된 힘에 주목하란다(Back to the Bible!). 설교자와 설교 사이에서는 몸과 기도의 숨을 고르라 하고(Breathe the breath of body & prayer!), 설교자와 회중 사이에는 하나님이 걸어가실 다리를 놓으란다(Build the bridge!). 그렇게 함으로써 새로움을 찾는 설교자들에게 새로움은 낯설거나 처음 보는 것에서가 아닌 잃어버린 것을 찾음에서, 갈망하던 것을 발견함에서, 설명할 수 없는 무엇이 채워짐에서, 유사한 어떤 것들이 아닌 진정한 그것에서, 자신의 한계를 인식한 자가 자신 밖

에서, 엎드림과 숨 고름과 다리 놓음에서 온다는 것을 본서는 너무 복잡하거나 너무 단순하지 않게 꼭 필요한 만큼 소개한다.

_ 오현철
성결대학교 설교학 교수, 한국복음주의실천신학회 부회장

● 권호 교수님은 설교학 분야에서 탁월한 실력을 갖춘 설교학자이며, 성도들에게 살아계신 하나님의 능력 있는 말씀을 선포하여 그들의 마음을 어루만지고 영혼을 살찌우게 할 줄 아는 목회자다. 이론과 실력을 겸비한 목회자를 만나기가 쉽지 않은 때에, 권호 교수님이 신학교 교실과 교회 강단을 오가면서 온몸으로 배우고 익히고 그대로 실천하는 설교 인생을 이 한 권의 책에 담았다. 『본문이 살아 있는 설교』는 목회 현장에서 설교 때문에 고민하는 목회자들과 바람직한 미래 설교 사역을 모색하는 신학생 모두에게 큰 유익을 줄 것이다.

_ 이승진
합동신학대학원대학교 설교학 교수, 한국복음주의실천신학회 회장

● 권호 교수님은 미주에서 강력한 영향을 미치고 있는 '본문이 이끄는 설교'(Text-Driven Preaching)를 한국인 설교학자의 눈과 한국 교회를 사랑하는 목자의 마음으로 소개한다. 본서는 성경본문의 세계를 진지하게 탐구하고, 성경의 메시지와 현대 청중의 만남을 주선하며, 듣는 이의 삶에 말씀이 살아 움직이는 설교를 할 수 있도록

돕는다. 본문이 살아 움직이는 설교를 꿈꾸는 설교자들에게 이 책을 강력하게 추천한다.

_ 임도균
침신대신학대학원 설교학 교수

머　　리　　말

　　내 인생에서 가장 큰 축복 중 하나가 좋은 스승을 만난 것이다. 하나님은 내가 부족한 것을 아시고 늘 나를 가르쳐주고 세워주는 좋은 스승들을 보내주셨다. 이것이 큰 은혜였다. 나는 유학을 떠나기 전 사랑의교회에서 사역하면서, 한국의 대표적 설교자 중 한 명이었던 고(故) 옥한흠 목사님의 설교를 매주 들을 수 있는 축복을 누렸다. 혼신을 다해 설교를 준비하셨고 피를 토하듯 외치셨던 옥 목사님의 설교는 젊은 내게 선지자적인 메시지로 기억되었고, 아직도 내 마음 깊숙이 남아있다.

　　첫 유학지인 고든콘웰(Gordon-Conwell Theological Seminary)에서 현대 강해설교의 대가였던 고(故) 해돈 W. 로빈슨(Haddon W. Robinson) 교수님을 만난 것은 내 인생에서 잊지 못할 행운이었다. 로빈슨 교수님의 수업을 들으면서 나는 설교가 무엇인지, 어떻게 영혼을 울리는 설교를 만들어낼 수 있는지를 생생하게 배웠다. 로빈슨 교수님께 설교를 배운 후 나는 계획했던 구약 박사과정을 설교학으로 바꾸었다. 뒤돌아보면 그때 로빈슨 교수님을 만나 그렇게 공부의 방향을 바꾼 것은 참으로 잘한 것이었다.

　　미국 실천신학의 중심이라고 불리는 사우스웨스턴신학교(Southwestern Baptist Theological Seminary)에 박사과정으로 입학했을 때 나는 하나님께서 마련해 두신 두 번째 축복을 누릴 수 있었다. 바로 로빈슨 교수님의 수제자 중 한 명인 캘빈 피어슨(Calvin F. Pearson) 교수님을 만난 것이다. 후에 나의 지도교수가 되어주신 피어슨 교수님은 나를 학문적으로뿐 아니라 인격적으로 많이 성장하도록 도와주셨다. 피어슨 교수님은 설교학과 수사학 분야에서 각각 박사학위를 가진 분이셨는데, 나는 이분께 설교 전달의 진수를 배웠다.

사우스웨스턴신학교 설교대학원 학장이신 데이비드 알렌(David L. Allen) 교수님을 만난 것도 내 인생에서 언급하지 않을 수 없는 감사한 부분이다. 알렌 교수님은 거의 천재적인 지성으로 수업 때마다 학생들을 놀라게 했다. 헬라어를 자유롭게 구사하는 신약학자로서, 설교사의 중요한 사건과 연도를 줄줄 꿰고 있는 설교 역사학자로서, 강단에서 청중을 압도하는 탁월한 설교자로서 그는 현재 복음주의 설교학을 이끌어가고 있다. 이런 알렌 교수님의 지도로 나는 본문이 이끄는 설교가 무엇인지 정확히 배우고 그것을 실제적으로 체험할 수 있었다.

공부를 마치고 한국에 돌아와 여러 학교에서 설교학을 가르치면서 나는 내가 배우고 익힌 설교의 철학과 방법을 바르고 효과적으로 전수해야 한다는 부담감을 느끼기 시작했다. 현대 설교학의 중요한 방법론을 적절하게 소개하면서, 동시에 한국 교회 강단에 실제로 사용할 수 있는 설교학 기법들을 소개하고 싶었다. 이 부담감과 간절한 소망이 만들어낸 결과가 바로 본서다. 나는 본서를 통해 현재 북미 설교학에서 가장 활발하게 논의되고 사용되고 있는 '본문이 이끄는 설교'(Text-Driven Preaching)의 철학과 실제 기법들을 소개하고자 애썼다. 지나치게 이론적이면 어렵고, 너무 실제적이면 가벼울 수 있다. 그래서 나의 선택은 꼭 필요한 이론을 쉽게 가르치면서, 동시에 그 이론이 만들어낸 실제적인 설교 기법들을 구체적으로 소개하는 것이었다. 최선을 다했으나 부족한 부분이 있다면 그것은 소개된 이론이나 설교 기법의 문제가 아니라 전적으로 잘 전달하지 못한 나의 탓이다.

이 책이 나올 때까지 실제적인 수고를 아끼지 않은 분들께 감사드린다. 먼저 앞에서 언급한 내 스승들께 감사한다. 또한 마음이 담긴 추천의 말로 본서를 빛나게 해주신 선배 및 동료 설교학자들께 감사를 전한다. 특별히 본서의 제목을 제안해준 침신대 임도균 교수님께 고마운 마음을 전한다. 임 교수님은 자신이 즐겨 사용했던 '본문이 살아있는 설교'(Text-Living Preaching)라는 용어를 본서의 제목으로 사용할 것을 기쁨으로 제안해주셨다. 또한 원고를 꼼꼼하게 읽고 교정해준 심상윤 목사님, 이혜인 · 이동희 전도사님께도 감사를 전한다. 이분들의 수고가 없었다면 이런 반듯한 원고가 나올 수 없었을 것이다. 또한 부족한 글을 이렇게 멋진 책으로 만들어주신 아가페출판사 정형철 대표님께 감사드린다.

아무쪼록 본서가 설교자들에게 좋은 안내서가 되길 바란다. 힘들고 어려운 말씀사역의 길을 갈 때 이 책이 좋은 친구가 되길 기대한다. 그래서 많은 설교자들이 말씀의 힘을 경험하고, 성도들의 변화를 눈으로 볼 수 있기를 기도한다.

2018년 한국 교회 강단의 변화를 위해 기도하며
말씀의 종 권호

Contents

추천의 말   006

머리말   015

Part 1
다시 본문 앞에 엎드리다   025

세움 받아 외치다: 성경의 설교   031

핵심, 본문이 이끄는 설교의 세 요소   034

물음, 본문이 이끄는 설교란 무엇인가   040

Part 2
다섯 번의 땀:
본문이 이끄는 설교 다섯 단계   047

1장 · 본문에 푹 빠지다: 본문을 묵상하고 연구하라   050

본문을 잡다: 본문 선택법   050

본문을 느끼다: 본문 묵상법   054

본문과 씨름하다: 본문 연구법   061

2장 • 핵심이 잡히다: 중심 메시지를 발견하라   079

꿰뚫는 핵심, 중심 메시지(CMT)란 무엇인가   080

중심 메시지 발견을 위한 이론   082

네 번의 노력, 중심 메시지 발견을 위한 네 단계   086

한눈에 봄, 주해개요(exegetical outline) 작성법   094

주해개요와 주요 이슈   098

3장 • 설교가 들리다: 연관성을 놓으라   103

청중을 붙잡는 힘, 연관성이란 무엇인가   104

연관성, 이미 성경에 있는 요소   105

죄로 죽고 은혜로 살다: 연관성의 두 토대   107

첫째 연관의 핵: 그들과 우리는 동일한 죄를 가졌다   109

죄가 전 시대에 흐른다: 1차 연관 가이드   115

둘째 연관의 핵: 언제나 동일하신 분   120

다시 은혜로 서다: 2차 연관 가이드   127

쉽지만 효과적인 다섯 가지 연관의 기술   129

연관성, 적용으로 이어지는 길   138

4장 · 그렇게 살고 싶다: 적용점을 제시하라   140

아직 늦지 않았다: 적용의 정의와 중요성   140

잘못된 적용을 바로잡는 길   142

흔들리지 말라: 본문이 이끄는 적용 원칙   144

적용의 양대 산맥: 일반적 적용(GA)과 구체적 적용(SA)   145

적용의 힌트: 본문의 함의에 따른 적용   150

적용의 재미: 적용 격자를 사용해 적용하라   153

그래도 어렵다면: 쉽고 효과적인 적용을 위한 조언   156

5장 · 강단 위의 친구, 설교문을 작성하라   163

멋진 옷을 입히자: 설교 전달 형태 결정   164

설교를 보다: 설교개요 작성   169

결과를 보다: 설교문 작성법   175

Part 3
멋지고도 은혜롭게 전달하기 : 본문을 살리는 전달 **213**

6장 · 설교자의 숨, 눈빛 그리고 땀 **215**

설교자의 숨: 평정된 마음 **216**

설교자의 눈빛: 비언어적 소통기술 **220**

설교자의 땀: 계속되는 훈련 **225**

7장 · 보는 기쁨, 되는 즐거움: 설교 실례와 실습 **228**

아, 이거구나: 설교 실례 **228**

아, 진짜 되네: 설교 실습 **243**

책을 마치며 천병(天病), 그것에 걸려야 한다 **256**

미주 **258**

Text-Driven Preaching

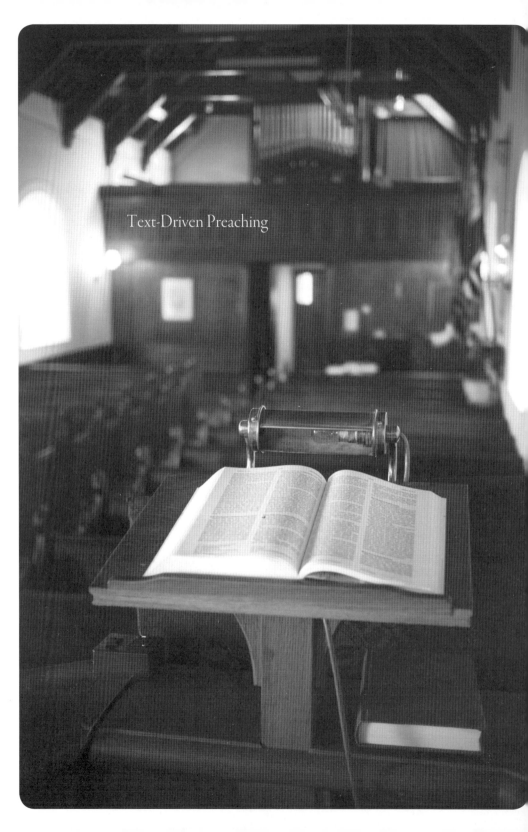

Text-Driven Preaching

Part 1

다　　　　시
본문　앞에
엎드리다

고민을 멈춘 순간
설교의 발전도 멈춘다

설교를 20년 이상 해온 소위 설교 베테랑도 고민할까?[1] 한국의 대표 설교자로 알려진 유명 목회자들도 설교를 고민할까? 답은 '그렇다'이다. 얼마 전 현재 한국에서 최고의 설교자 중 한 명으로 꼽히는 분을 만났다. 설교에 대한 이런저런 이야기를 나누다 그분이 두 가지 고민을 털어놓았다. 첫째 고민은 한 교회에서 15년 이상을 설교하다 보니 더는 설교할 것이 없다는 것이었다. 뭘 해도 신선함이 없다고 했다. 딱딱하게 굳은 떡처럼, 버릴 수는 없어서 먹으려고 데워도 왠지 신선한 느낌이 살아나지 않는 오래된 떡처럼, 자신의 설교가 그렇게 굳은 느낌이라는 것이다. 교인들에게 늘 새롭고 신선한 메시지를 전하고 싶은데, 그것이 쉽지 않아 요즘 고민이 된다고 했다.

두 번째 고민은 첫 번째 고민보다 더 본질적인 것이었다. 종종 설교를 마치고 나면 마음 깊은 곳에서 의문이 든다는 것이다. 사람들이 자신의 설교를 듣고 눈물도 흘리고, 은혜도 받았다고 말하는데 정작 자신은 설교를 마치고 돌아와 조용히 자리에 앉으면 '내가 오늘 정말 하나님의 말씀을 전한 것일까? 혹시 내 생각이나 감정을 전한 것은 아닐까? 하나님이 원하시는 방향이 아닌 내가 사람들을 이끌기 원하는 방향으로 메시지를 전한 것은 아닐까?'라는 생각이 들어서 힘들 때가 있다는 것이다.

이분의 이야기를 듣고 떠오른 첫 생각은 '설교자들이 고민 없이 설교할 때가 많은데 이런 고민을 아직까지 하는 것을 보니 이분은 설교자로서 건강함을 유지하고 있는 분이구나. 정체되지 않겠구나. 계속 발전하겠구나'라는 것이었다. 기억해야 한다. 고민을 멈춘 순간 설교의 발전도 멈춘다. 그러니 힘들고 고단해도 주기적으로 자신의 설교에 대해 정직하게 돌아보고 되짚어보는 것이 필요하다.

설교의 다양성, 텍스트가 답이다

앞에서 언급한 설교 베테랑의 솔직한 고민을 들으며 내가 제시한 답은 '텍스트', 즉 '성경본문'으로 돌아가라는 것이었다. 그렇다. 이 책에서 계속 논의할 것이지만 텍스트로 돌아가야 설교자의 고민이 풀린다. 우리에게 주신 텍스트, 성경본문은 깊고 마르지 않아 온 땅을 적시는 영적 강과 같다. 설교자가 자신의 생각과 경험에서 퍼 올리는 우물과는 비교할 수 없다. 개인적인 자질과 노력이 중요하지 않다는 것이 아니다. 그 모든 것을 우리에게 주어진 하나님의 말씀인 텍스트 앞에 겸손히 내려놓을 뿐 아니라 그것들이 그 속에서 뿌리내리고 자라나가 열매를 맺어야 함을 말하는 것이다.

내가 만난 설교자의 첫 고민은 설교의 다양성과 신선함에 관한 문제다. 설교학 역사 초기부터 메시지의 다양성과 신선함을 유지하기 위해 여러 노력이 시도되었다. 예를 들어 기독교 초기에는 우리가 잘 알고 있는 어거스틴을 중심으로 주로 고전 수사학(classical rhetoric)의 기법이 설교에 사용되었다.[2] 또한 20세기 이후 커뮤니케이션 이론이 꾸준히 설교학에 접목되어 왔다.[3] 그러나 최근 진정한 설교의 다양성을 위해서는 텍스트 자체로 돌아가야 한다는 목소리가 커지고 있다. 말씀 자체에 있는 내용뿐 아니라, 말씀이 전해지고 있는 여러 가지 장르를 인식하고 그것을 적절히 활용할 때, 설교가 다양해지고 새로움을 유지할 수 있다는 것이다.

수사학이나 커뮤니케이션 이론을 통해 설교의 다양성을 발전시킬 수 있는 것도 사실이다. 그러나 메시지를 잘 살려내면서 동시에 청중에게 끊임없이 새로움을 주기 위해서는 근본적으로 말씀이라는 텍스트로 돌아가야 한다. 우리에게 주어진 말씀, 이 소중한 텍스트는 수천 년의 시간을 견뎌내고, 끊임없이 사람들의 마음에 진리로 자리 잡아왔다. 이런 텍스트 안에 내재된 힘을 설교자들이 주목해야 한다. 텍스트의 여러 내용이 어떻게 각각 다른 형식으로 전해지면서 메시지의 다양성이 강화되는지 연구하고 활용할 때 설교자는 강단의 새로움을 경험하게 될 것이다.

설교의 진정성,
텍스트가 답이다

　내가 만난 설교자의 두 번째 고민은 설교의 진정성에 관한 문제다. '설교가 무엇인가'라는 정의에 따라 달라지겠지만 설교의 진정성이란 텍스트가 전하고자 하는 메시지를 충실하게 전하는 것을 말한다. 이렇게 볼 때 설교자가 자신의 메시지가 과연 본인의 생각과 감정을 바탕으로 하고 있는지, 아니면 텍스트가 가지고 있는 내용에 기반하고 있는지 고민하는 것은 매우 중요하다. 최근 슬프게도 우리는 한국 교회 강단에 나타나고 있는 '본문 이탈 현상'을 보고 있다. 이런 현상을 보면서 한 설교학 노교수는 다음과 같이 안타까운 심정을 털어놓았다.

> 근래의 한국 교회 설교가 보여주고 있는 압도적인 경향은 본문에 충실하지 않다는 것이다. 성경을 아예 사용하지 않기도(disuse)하고, 성경을 잘못 사용하기도(misuse) 하고, 성경을 남용하기도(abuse) 한다. … 한국 교회의 설교는 본문 이탈 현상이 심각하다.[4]

　놀라운 것은 본문 이탈 현상의 주도적 인물이 종종 이름만 언급하면 알 만한 소위 대형교회 담임목사들이라는 것이다. 몇 년 전 K목사는 거의 6개월간 성경본문을 잠시 언급한 뒤 자신이 읽은 책들, 특히 고전문학을 이야기하는 것으로 설교시간의 대부분을 사용한 적이 있다. 물론 소개된 대부분의 문학들이 기독교 문학작품이었지만 성경본문을 제쳐놓고 설교시간의 대부분을 그런 것들에 할애

한다는 것은 설교자로서 해서는 안 될 일이다. 또 다른 K 목사는 15회의 연속설교를 맥아더 장군의 기도문을 본문 삼아 설교한 적이 있다. 물론 K 목사는 설교를 위해 매주 성경본문은 택했지만, 그것에 대한 주해는 거의 하지 않고, 실제적으로는 맥아더 장군의 기도문을 텍스트로 삼아 메시지를 전달했다.

　텍스트, 즉 성경본문에 있는 하나님의 말씀이 전달되어야 할 설교 시간에 세상의 잡다한 것들 혹은 개인적인 생각이나 감정이 주된 메시지로 전달되는 슬픈 현실을 본다. 이런 설교자들이 많아질수록 말씀은 점점 힘을 잃어가게 될 것이다. 텍스트를 제쳐두고, 사람들의 마음에 재미와 감동을 줄 수 있는 것이라면 무엇이든 본문으로 삼을 수 있다는 분위기가 퍼져나간다면 소위 설교실용주의, 곧이어 독한 설교세속주의가 교회 안에 팽배하게 될 것이다. 현재 한국 교회 설교의 위기는 하나님의 말씀, 그 불변의 텍스트를 떠난 것에서 시작되었다. 다시 텍스트로 돌아와야 한다. 설교자가 청중에게 어떤 감동과 변화를 주었는지도 생각해야 하지만, 자신이 진정 텍스트가 전하고자 하는 메시지를 전했는지 솔직하고 진지하게 고민해 보는 것이 가장 중요하다.

> **⚙️ 깨달음과 통찰**
>
> 설교의 다양성과 진정성에 대한 진지한 고민은 우리를 다시 텍스트로 돌아오게 한다.

텍스트에 대한 태도, 메시지의 결과

　흥미롭게도 설교자가 텍스트, 즉 성경본문을 대하는 태도가 설교 메시지의 방향과 효과를 결정한다. 눈에 보이지 않는 태도가 구체적 설교방식에 결정적 영향을 미치는 것이다. 구체적으로 말하면 텍스트에 대한 태도가 설교의 내용, 전달방식, 적용방식을 결정한다는 것이다. 그러니 텍스트에 대한 태도가 곧 설교의 결과라고 해도 과언이 아니다. 설교 현장에서 이 사실은 쉽게 확인된다. 또한 설교학적 연구를 통해 살펴봐도 결론은 동일하다.

많은 사람이 현시대에 말씀의 빛과 힘이 사라졌다고 말한다. 그러나 나는 한국 교회 강단과 전 세계에 흩어져있는 디아스포라 설교자들의 강단에 희망이 있음을 느낀다. 이유는 간단하다. 아직도 설교자들에게는 자신의 설교 사역이 한계에 직면했을 때 힘들지만 텍스트, 즉 성경본문으로 정직하게 돌아오려는 갈망이 남아 있기 때문이다. 자신의 생각과 주장을 내려놓고, 성경본문의 의미와 의도를 따라 하나님의 메시지를 정직하게 전하려는 소망이 있기 때문이다.

설교자에게 본문으로의 회귀본능이 있는 한 길은 있다. 지금 자신의 설교에 한계를 느끼고, 무엇인가 새로운 차원의 도약을 원한다면 다시 텍스트를 붙잡으라. 지금도 텍스트와 씨름하면서 어떻게든 본문에 충실한 설교를 만들어가고 있는 설교자들이 있다. 이들은 힘들어도 설교자가 걸어야 할 정도(正道)에 들어선 것이다. 쉽지 않지만 조금만 더 인내하라. 그 땀과 고투의 행보로 자신도 깜짝 놀랄 설교 사역의 정상에 이르게 될 것이다. 이런 생각이 나만의 것이 아님을 독자들도 잘 알 것이다. 많은 설교의 대가들이 동일한 확신을 가지고 자신의 설교 사역을 해나가고 있다. 그들은 하나님의 말씀, 곧 텍스트가 왕(Textus Rex-The text is king)이라는 것을 믿고, 고백하고, 이것을 영혼에 새기면서 오늘도 설교를 준비한다.[5] 설교자는 왕이신 하나님의 말씀, 텍스트 앞에 자신의 개인적 전제와 의도를 내려놓고 겸손히 엎드려야 한다. 그래서 성경본문이 말하고자 하는 의미와 의도를 정확하게 이 세상에 전해야 한다. 이것이 설교자의 영원하고 영광스런 사명이다.

세움 받아 외치다: 성경의 설교

　본문이 이끄는 설교에 대해 본격적이며 실제적으로 배워보기 전에 설교가 무엇인지 잠시 살펴보자. 현대 설교학자들의 다양한 의견을 살펴보는 것도 중요하다.[6] 하지만 본문이 이끄는 설교가 추구하는 핵심 방법론을 따라 본문, 즉 성경에서 설교를 무엇이라 말하고 있는지 간단하게 살펴보자. 리처드 메이휴(Richard L. Mayhue)에 따르면 신약성경에는 설교와 관련된 헬라어 단어가 16개 이상 나타난다.[7] 그중 설교와 가장 직접적으로 연결된 중요한 두 단어가 '케루쏘'(κηρύσσω)와 '유앙겔리조'(εὐαγγελίζω)다.

　'케루쏘'는 신약 전반에서 설교의 행위를 나타내는 동사로 쓰였다. '케루쏘'의 뜻은 한글성경에서 주로 '전하다' 혹은 '전파하다'로 번역되고, 대부분의 영어성경에서는 '설교하다'(to preach)로 번역되었다. 세례 요한이 광야에서 회개의 세례에 대해 설교했을 때(막 1:4), 예수님께서 회개와 천국에 대해 설교하셨을 때(마 4:17), 사도 바울이 그리스도를 설교했을 때(고전 1:23) 모두 이 동사가 쓰였다. 또한 바울이 디모데에게 때를 얻든지 못 얻든지 하나님의 말씀을 전파하라고 명령했을 때(딤후 4:2)도 동일한 단어가 쓰였고, 대부분의 영어성경은 이 구절을 '설교하라'(preach the Word)로 번역하고 있다.

여기서 특별히 기억해야 할 것이 있다. 그리스-로마시대 때 '케루쏘'는 왕 혹은 다스리는 자(ruler)의 메시지를 전령이 선포하는 행동을 나타내는 동사였다.[8] 전령은 임명받은 자이기에 그 메시지가 어떤 것이든 그것을 있는 그대로 전하는 것이 그의 임무였다. 사람들이 그 메시지를 좋아하든 싫어하든 그들의 반응과 상관없이 자신이 받은 메시지를 가감 없이 전해야 했다. 이런 배경에서 볼 때 바울의 말이 이해가 된다. 바울에 의하면 십자가에 못 박힌 그리스도는 유대인에게는 거리끼는 것이고, 이방인에게는 미련한 것이었다(고전 1:23). 그렇기 때문에 그가 유대인과 이방인에게 복음을 전하는 것은 매우 어려웠다. 그러나 바울은 왕 되신 하나님과 그리스도에게서 보냄 받은 전령으로서 메시지를 듣는 사람들의 반응에 좌우되지 않았다. 그는 자신을 보낸 하나님을 생각하며 그분의 뜻과 메시지를 충실하게 전했다. 또 이 단어의 배경을 알면 바울이 왜 디모데에게 어떤 환경에서든지 말씀을 전해야 한다고 강조했는지 이해가 된다. 앞서 말했듯이 전령은 왕의 메시지를 전달하기 위해 온갖 어려운 환경을 극복해야 했다. 바울은 디모데가 하나님의 전령으로서 어떤 상황에서도 충실하게 왕이신 그분의 말씀을 전해야 한다고 권면했던 것이다.

'유앙겔리조'는 신약성경에서 '케루쏘'와 더불어 '설교하다'라는 의미로 쓰인 또 다른 대표적 단어다. '케루쏘'가 설교의 '행위'를 강조한다면, '유앙겔리조'는 특별히 설교의 '내용'을 강조하는 단어다. '유앙겔리조'는 주로 '복음을 전파하다'(to preach the Gospel)라는 의미로 쓰였다. 누가복음 8장 1절을 보면 예수님께서는 각 성과 마을에 두루 다니시며 듣는 자에게 기쁜 소식(good news), 복음을 전하셨다. 이때 좋은 소식을 전하는 행위를 나타내는 동사 '유앙겔리조'가 사용되었다. 사도행전 8장 4절에 따르면 핍박 때문에 흩어진 성도들이 위축되지 않고 오히려 두루 다니며 '복음의 말씀'을 전했다. 대부분의 영어성경은 '유앙겔리조'와 '케루쏘'를 같은 의미로 보았기 때문에 이 구절을 '말씀을 설교했다'(preach the Word)로 번역했다. 그러나 헬라어 본문에는 '유앙겔리조'가 쓰였기 때문에 한국어 개역개정은 '복음의 말씀을 전했다'로 잘 번역해 뜻을 분명하게 나타냈다. 핍박받는 상황에서도 성도들이 세상에 기쁜 소식, 복음을 전했던 것을 강조한 것이다.

정리해보면, '케루쏘'와 '유앙겔리조'는 성경에서 둘 다 설교와 관련된 대표적 동사다. 전자는 설교자가 하나님의 전령으로서 메시지를 있는 그대로 외쳐야 할 임무를 가졌다는 것을 강조하는 동사다. 반면 후자는 설교의 내용을 강조하는 단어로, 설교로 전달해야 할 것이 기쁜 소식, 복음이라는 것을 말하고 있는 동사다.

지금까지 살펴본 설교와 관련된 두 단어의 연구를 통해 설교자는 다음과 같은 사실을 마음에 깊이 새겨야 한다. 첫째, 설교자는 하나님의 전령으로 부름 받은 자다. 둘째, 그렇다면 메시지의 권위는 자신이 아닌 자신을 보낸 자에게 있으므로 사람을 두려워하지 말아야 한다. 셋째, 설교자는 자신의 임무가 자신을 보낸 하나님과 예수님의 메시지를 정확하게 전하는 것임을 명심해야 한다. 넷째, 설교자가 전해야 할 소식은 인류를 향한 좋은 소식, 복음임을 기억해야 한다. 설교자가 하나님께 부름 받은 사명자이며, 구원의 좋은 소식을 전하는 임무를 가졌다는 것을 깨닫는 순간 그의 설교는 달라지기 시작한다.

설교가 무엇인지 잠시 살펴보았다. 이제 본문이 이끄는 설교를 구성하는 요소들에 대해 살펴보자.

핵심, 본문이 이끄는 설교의 세 요소

본문이 이끄는 설교에서 빠질 수 없는 세 가지 요소가 있다. 본문이 이끄는 설교의 첫 요소는 성경본문, 좀 더 구체적으로 말하면 본문의 의미다. 이것이 본문이 이끄는 설교의 첫 출발점이요, 씨앗이다. 본문이 이끄는 설교라는 이름 그 자체가 나타내는 것처럼 성경본문이 모든 것의 핵심이다. 본문이 이끄는 설교는 무엇보다 성경본문의 의미를 분명하게 드러내고 전달하고자 최선을 다한다. 본문과 전혀 관계없는 것들, 즉 설교자 개인의 생각이나 경험, 사회적이슈 등이 설교를 이끌어 나갈 때 그것은 이미 설교가 아니다. 설교에서 영원히 빠질 수 없는 첫 요소이자 불변의 토대는 바로 성경본문이다.

본문이 이끄는 설교의 두 번째 요소는 연관성(relevance)이다. 이두 번째 요소가 현대 설교학에서 중요한 주제로 집중적으로 토의되고 있다. 연관성은 성경이라는 오랜 시간을 거쳐온 텍스트를 오늘날의 상황과 연결하는 단계를 말한다. 좋은 설교는 현대를 사는 우리가 왜 몇천 년 전에 쓰인 본문을 들어야 하고, 그것이 우리의 삶과 어떻게 연관되는지를 보여주어야 한다. 이 연관시키는 작업을 영국의 대표적 강해설교자 존 스토트(John Stott)는 성경시대와 현대시대의 두 세계를 다리로 연결하는 작업(bridge-building of between two worlds)이라는 탁월한 비유를 통해 설명했다.[9] 설교자는 성경의 세계와 오늘날의 세계 중간에서 연관성이라는 다리를 놓음으로써 의미와 진리가 소통되도록 해야 한다.

본문이 이끄는 설교의 마지막 세 번째 요소는 적용이다. 설교자는 본문의 의미가 어떻게 현시대와 연결되는지 보여줄 뿐 아니라, 본문에 나타난 진리를 어떻게 구체적으로 실천할 수 있는지 청중에게 분명히 제시해주어야 한다. 설교자가 설교를 통해 청중에게 깨달음과 감동을 주었지만, 그것을 현실의 삶에 어떻게 적용할 것인지 제시하지 않으면 그들의 삶에 변화를 일으키길 기대하기는 어렵다. 적용이란 관문을 통과하지 않으면 변화라는 땅에 이를 수 없는 것이다. 그러므로 설교자는 청중이 메시지를 삶에서 어떻게 실천할 수 있는지 적절한 적용을 반드시 제시해야 한다.

위에서 살펴본 것처럼 본문이 이끄는 설교는 반드시 본문의 의미에서 시작해, 연관을 통해 의미의 소통이 이루어지게 하고, 적용을 통해 구체적 삶의 변화를 일으키는 단계에까지 나아가야 한다. 이 세 요소를 바탕으로 본문이 이끄는 설교를 다음과 같이 정의할 수 있다.

본문이 이끄는 설교란 본문에 담겨있는 의미를 경건한 묵상과 연구를 통해 발견하고, 그것을 다양한 방법을 통해 오늘날의 삶과 연관시켜 전달하며, 청중의 삶에 구체적인 실천이 일어나도록 적용해 깨달음과 변화가 일어나게 하는, 성령의 도우심으로 행하는 설교자의 영적 행동과 결과다.

본문이 이끄는 설교에 대한 이 정의는 앞에서 언급한 설교의 세 요소를 포함해서 만든 것이다. 이 정의를 자세히 살펴보면 본문이 이끄는 설교의 세 요소 외에 추가로 강조된 것이 있다. 첫째, 경건한 묵상이 필요하다는 것이다. 설교는 머리만 사용하는 지적 행위가 아니다. 설교자는 분명 지성을 사용해야 하지만, 반드시 경건한 묵상을 통해 설교를 준비해야 한다. 둘째, 성령의 도우심이다. 설교는 단순히 설교자 혼자만의 사역이 아니요, 성령께서 함께해주셔야만 가능한 것이다. 이 두 가지 추가적 강조점을 둔 것은 영혼을 변화시키는 설교가 설교자의 지적 성실뿐 아니라, 성령의 도우심을 간절히 구하는 기도가 더해질 때 탄생된다는 확신이 있기 때문이다.

> **📖 확 인 하 기**
> 본문이 이끄는 설교의 세 요소:
> 본문(Text), 연관성(Relevance), 적용 (Application)
> 본 · 연 · 적-TRA

본문이 이끄는 설교, 강해설교를 사랑하며 고민하다

신학교에서 학생들을 가르치거나 목회자를 대상으로 설교세미나를 인도하다 보면 꼭 받는 질문이 있다. 지금까지 자신들이 알고 있던 강해설교와 지금 배우고 있는 본문이 이끄는 설교가 어떻게 다르냐는 것이다. 답은 분명하다. 강해설교와 본문이 이끄는 설교는 크게 다르지 않다. 그러나 분명한 차이점도 있다. 좀 애매하게 들릴 수도 있으나, 본문이 이끄는 설교는 강해설교를 사랑하지만 그것이 가진 몇 가지 약점을 발견하고, 그 문제를 보완하기 위한 진지한 고민을 거쳐 태어났다. 잠시 이 점을 살펴보도록 하자.

본문이 이끄는 설교는 '본문이 왕이다'라는 전통적 강해설교의 뿌리를 가지고 있다. 강해설교의 강점은 본문의 내용을 있는 그대로 전달하려는 것이다. 이런 강해설교의 핵심철학과 노력은 변함없이 지속되어야 한다. 그러나 자칫 전통적 강해설교가 가질 수 있는 다음과 같은 약점들이 지적되어 왔다.[10]

첫째, 전통적 강해설교는 성경본문의 내용을 최우선으로 강조한 나머지 청중이 살아가는 시대와의 연관성을 소홀히 하는 경향을 보여 왔다. 영미 교회에서도 그렇지만, 특히 한국 교회의 설교자들에게는 강해설교에 대한 갈망이 있는 것 같다. 재미있는 것은, 강해설교에 대한 정확한 정의와 구체적인 방법을 모르는 목회자들도 종종 자신이 추구하는 설교의 방향이 강해설교라고 말한다는 점이다. 이런 분들의 설교를 들어보면 성경 한 구절 한 구절을 풀어가면서 본문의 뜻을 정확하게 전달하려고 노력하는 것을 볼 수 있다. 귀하고 좋다. 그러나 문제는 많은 경우 설교에서 본문의 의미만 드러내고 그것이 오늘날과 어떻게 연관되는지는 말하지 않는다는 것이다. 오늘날과의 연관성이 거의 없거나 미비하게 나타나는 경향을 보인다.

한번 생각해보자. 설교가 단지 성경의 내용만을 정확히 전달하는 것이라면 설교시간에 좋은 주석만 읽어도 되지 않겠는가? 그러나 주석에서 중요한 부분만 정리해서 본문의 뜻만 정확하게 읽어준다고 설교가 되는 것이 아니다. 본문의 뜻만 전달한다면 그것이 주해, 혹은 강해는 될 수 있어도 결코 설교는 될 수 없다. 신구약성경을 보라. 선지자나 제자들에 의해 전달된 메시지는 '구약시대' 혹은 '신약시대'라는 구체적 시간, 장소, 상황, 사람과 연관되어 선포되었다. 존 스토트의 올바른 주장처럼 설교는 몇천 년 전에 쓰인 본문을 왜 현대를 살아가는 우리가 들어야 하고, 그것이 우리의 삶과 어떤 연관점을 가지고 있는지 반드시 보여주어야 한다. 단순히 본문의 뜻만 풀어낸다고 해서 설교가 되지는 않는다. 설교를 통해 설교자는 성경의 세계와 오늘날의 세계 중간에 연관성이라는 다리를 놓음으로써 의미와 진리가 소통되도록 해야 한다.

둘째, 전통적 강해설교는 성경본문의 메시지 전달 형식을 소홀히 하는 경향을 보여 왔다. 강해설교를 추구하는 많은 설교자에게 나타나는 또 하나의 안타까운 현상이다. 본문의 내용에 집중하다 보니 그 내용을 전달하는 형식을 무시한 것이다. 성경본문의 문학형식에 따라 강해설교의 다양한 전달 형태가 나올 수 있다. 그러나 현재 국내외 한국 교회 강단의 강해설교를 보면 대부분 연역적 방법, 그것도 3대지(大旨) 설교로 모든 형태가 굳어진 것을 볼 수 있다.

본문의 메시지와 그것을 전하는 형식은 결코 분리될 수 없다. 토머스 롱(Thomas G. Long)이 바르게 지적한 것처럼 본문의 문학형식은 본문의 내용과 결코 분리될 수 없으며, 하나의 조화된 시스템으로 작동하여 놀라운 영향력을 만들어낸다.[11] 그렇기 때문에 롱은 설교자가 본문의 내용을 정확히 파악하고 효과적으로 전달하기 위해서는 먼저 본문의 문학적 형식을 파악하고, 어떤 문학적 장치들에 의해 본문의 다이내믹이 만들어지고 있는지 살펴야 한다고 말했다.

예를 들어 성경이 '좋으신 하나님'이라는 주제에 다양한 문학형식을 사용하고 있음에 주목해보라. 잃었다 다시 찾은 아들의 이야기라는 내러티브가 있다. 목자의 이미지를 따뜻한 심정으로 풀어내는 시편도 있다. 하나님의 어떤 부분이 좋은지 신학적, 논리적으로 해설해 나가는 로마서 같은 교리 서신서도 있다. 다시 오셔서 불의를 심판하실 하나님을 각종 상징과 예언으로 전하는 계시도 있다. 이렇게 성경은 너무도 다양한 형식으로 우리에게 메시지를 전달하고 있다. 강해설교가 성경본문 내용에 너무 치중한 나머지 획일화된 3대지로 고착돼서는 안 될 것이다.

셋째, 전통적 강해설교는 적용이 부자연스럽거나 약하게 나타나는 경향을 보여 왔다.[12] 이런 현상도 강해설교가 본문의 내용만을 강조할 때 나타난다. 본문의 의미만을 강조하다 보면 현재 시대와의 연관성이 약해지고, 연관성이 흐려지면 당연히 현시대를 향한 적용이 약해질 수밖에 없다. 예를 들어 복음의 가치와 능력을 아무리 잘 설명해도 어떻게 예수님을 영접하고, 그 후 어떻게 신앙을 유지해야 하는지 구체적인 적용점을 제시하지 않으면 그것은 부족한 설교로 남을 수밖에 없다. 올포드(Stephen F. Olford)는 여러 번 복음에 대한 메시지를 들었지만 오랜 후에야 예수님을 영접하게 된 어느 유명한 의사의 이야기를 소개하고 있다.[13]

의사가 예수님을 영접했을 때 한 목회자가 그에게 물었다.
"복음에 꽤 오랫동안 관심을 가져왔는데 왜 지금에서야 영접하셨습니까?"

의사의 대답은 질문했던 목회자를 깜짝 놀라게 했다.

"아무도 제게 구원받기 위해 무엇을 해야 할지 구체적으로 말해
주지 않았습니다."

많은 설교자가 복음에 대해 그에게 설교했지만 정작 어떻게 복음
을 받아들이고, 어떤 노력이 필요한지 구체적으로 적용해주지 않은
것이다. 구체적 적용이 없으면, 성도들은 은혜받아 마음은 뜨거운데
정작 무엇을 해야 할지 몰라 어정쩡하게 있다 마음이 식는 경험을
할 때가 많다. 설교자가 깨달음과 감동은 주었지만 그것을 현실의
삶에 어떻게 적용할 것인지 제
시하지 않으면 청중의 삶에서
변화를 기대하기는 어렵다.

물음,
본문이 이끄는 설교란 무엇인가

잠시 살펴본 몇 가지 약점에도 전통적 강해설교는 너무도 소중한
것이다. 우리는 성경본문을 목숨처럼 지키려는 강해설교의 좋은 전
통을 분명 살려야 한다. 동시에 전통적 강해설교의 약점들이 무엇
인지 고민해보고 대안을 찾아 더 발전시켜야 한다. 이런 강해설교
에 대한 애정 어린 보완의 노력이 본문이 이끄는 설교다. 본문이 이

끄는 설교는 전통적 강해설교의 철학을 확고히 하면서 설교의 내용, 형식, 적용을 성경본문 자체에서 도출하는 메시지 전달방식이다.[14] 이런 입장은 다른 어떤 설교학 그룹보다 훨씬 성경본문의 역할을 구체적이고도 엄격하게 강조하고 있는 것으로 볼 수 있다. 특별히 본문이 이끄는 설교에서 우리가 주목해야 할 점은 설교의 형식과 적용 부분이다. 본문이 이끄는 설교는 설교의 내용을 철저하게 성경본문에서 끌어내는 노력을 하는 면에서 전통적 강해설교와 같은 맥락에 있다. 그러나 설교의 형식과 적용 또한 성경본문에 의해 결정되어야 함을 강조하는 면에서 기존의 강해설교와는 다른 점을 보인다.

텍스트가
설교의 형식을 이끈다

본문이 이끄는 설교를 추구하는 설교자들은 메시지의 전달 형식을 성경본문 자체에서 가져오기 위해 성경 장르에 관심을 갖는다. 요크(Hershael W. York)가 적절하게 강조한 것처럼 성경 장르에 대한 이해가 본문의 의미 파악에 결정적 영향을 미친다. 각 장르의 특성을 고려하면서 본문을 대해야 바른 의미가 파악된다. 요크가 제시한 실례를 살펴보자. 그에 따르면 요한계시록 12장 6절에 등장하는 광야로 도망가는 여인을 요한복음 4장에 등장하는 우물가의 여인과 동일한 방식으로 해석할 수는 없는데, 전자는 상징이고 후자는 실제 여자이기 때문이다. 결국 "의미에 대한 우리의 이해는 본문의 형식과 장르에 따라 달라진다. 이런 이유에서 설교자는 본문의 의미를 완전히 이해하기 위해 반드시 성경 저자가 사용하고 있는 형식과 장르에 대해 확실한 이해를 가져야 한다."[15] 최근 본문이 이끄는 설교를 주도하고 있는 인물 중 한 명인 알렌(David L. Allen)의 말처럼 "성경은 내러티브, 시가서, 선지서, 서신서와 같은 다양한 장르를 포함하고 있다. 바람직한 본문이 이끄는 설교는 이런 장르의 다양성을 반영해야 한다."[16] 이처럼 본문이 이끄는 설교는 성경본문의 장르에 따라 다양한 설교 형태를 만들려고 노력한다.

텍스트가
설교의 적용을 이끈다

본문이 이끄는 설교는 본문의 장르를 설교 형식에 반영하려는 것과 동시에 구체적인 적용을 본문에서 찾으려 한다. 콕스(James W. Cox)는 "우리는 청중을 너무 믿는 나머지 그들이 스스로 의미를 찾고 적용할 수 있다고 보는 듯하다"[17]며 적용을 소홀히 하는 설교자들에 대한 우려를 표했다. 그에 따르면 청중의 변화를 위해서는 설교자가 분명한 적용점을 본문에서 찾아 제시해야 한다. 밀러(Calvin Miller) 또한 설교자가 청중의 삶에 변화를 촉구하는 성경본문의 구체적 적용을 제시해야 한다고 강조했다.[18] 물론 설교에서 구체적인 적용보다 폭넓은 일반적 적용이 필요할 때도 있다. 하지만 많은 경우 설교자는 성경본문에서 적용점을 찾아 청중이 무엇을 실천해야 할지 구체적으로 제시하는 것이 좋다. 마태복음 19장 16-22절에서 부자 청년이 예수님께 자신이 어떤 선한 일을 해야 영생을 얻을 수 있는지 물었다. 그러자 예수님께서는 영생에 이르기 위한 계명을 가르치신 후에, 그가 자신의 삶에서 구체적으로 실천해야 할 것이 무엇인지 분명하게 말씀하셨다. "가서 네 소유를 팔아 가난한 자들에게 주라 그리하면 하늘에서 보화가 네게 있으리라 그리고 와서 나를 따르라"(21절). 예수님은 그가 해야 할 것을 구체적으로 가르쳐주셨다. '소유를 팔라.' '가난한 자에게 주라.' 너무도 분명한 적용이다. 이처럼 설교자에게는 청중이 진리를 어떻게 실천할 수 있는지 본문에서 찾아 제시해야 할 책임이 있다.

> 🔍 **확 인 하 기**
>
> 본문이 이끄는 설교는 전통적 강해설교의 철학을 확고히 하면서 설교의 내용, 형식, 적용을 성경본문 자체에서 도출하는 메시지 전달방식이다.

본질만큼 중요한 방법론

지금까지 본문이 이끄는 설교의 뿌리가 되는 철학과 큰 방향을 살펴보았다. 설교철학과 방향이라는 근본적 주제는 설교 초보자에게도 베테랑에게도 매우 중요하다. 이것이 설교 사역의 본질적 토대가 되기 때문이다. 설교를 배우는 학생에게 설교철학과 방향은 그가 가야 할 길이 되고, 오랜 시간 설교를 해온 목회자에게는 자신을 되돌아보는 거울이 된다. 자신 안에 올바른 설교철학과 방향이 정립될 수 있도록 계속 노력해야 한다. 이것에 따라 설교자의 마음과 태도가 달라지기 때문이다. 한편, 설교철학과 방향을 갖는 것만큼 구체적인 설교 방법론을 익히는 것도 중요하다. 설교는 구체적인 방법론을 통해 일정한 과정을 거쳐 준비되고 전달되기 때문이다.

Text-Driven Preaching

Part 2

다섯 번의 땀:
본문이 이끄는
설교 다섯 단계

본 문이 이끄는 설교를 하기 원한다면 그것을 가능케 하는 구체적인 설교 방법론을 배워야 한다. 우리가 익혀야 할 여러 설교 방법론 중 가장 중요한 핵을 이루는 것이 설교 준비과정이다. 설교 준비과정은 말 그대로 설교자가 설교를 준비하는 구체적인 과정을 말한다. 똑같은 본문을 택했어도 어떤 설교 준비과정을 거쳤는지에 따라 전혀 다른 설교가 탄생한다. 그렇기에 효과적인 설교 준비과정은 탁월한 설교 탄생의 필수조건이다.

본문이 이끄는 설교를 만들기 위해 얼마든지 여러 단계를 설정할수 있다. 설교 준비 단계를 세부적으로 만들 경우(예를 들어 10단계, 12단계 등) 설교 준비를 꼼꼼하게 할 수 있는 장점이 있다. 그러나 문제는 설교 준비에 시간이 너무 많이 걸리고, 각 단계를 익히다 지치거나 포기할 수도 있다는 것이다.

반대로 설교 준비 단계가 너무 단순하면 성경본문 속에 담긴 풍성한 신학적 보고(寶庫)와 메시지를 충분하게 뽑아내지 못할 가능성이 높다. 성경은 누구에게나 열려있지만 그리 쉽게 전달될 수 있는 것이 아니다. 이런 어려움을 인식하면서 설교자는 너무 세부적이거나 혹은 너무 단순하지 않은 적절한 설교 준비 단계를 스스로 결정해야 한다. 다음은 내가 제시하는 본문이 이끄는 설교를 위한 다섯 단계다.[19]

1 단계: 본문을 묵상하고 연구하라.

경건한 묵상과 지적 성실함으로 성경본문에 담긴 의미를 발견하는 단계

2 단계: 중심 메시지(CMT)를 발견하라.

묵상과 연구를 통해 깨달은 것들을 명료한 중심 메시지로 정리하는 단계

3 단계: 연관성을 놓으라.

본문이 우리 삶과 어떻게 연관되는지 고민하고 연결 고리를 놓는 단계

4 단계: 적용점을 제시하라.

본문의 가르침을 우리 삶에 어떻게 실천해야 할지 찾고 제시하는 단계

5 단계: 설교 전달 형태와 방법을 결정하고 설교문을 작성하라.

효과적인 설교를 위한 설교 형태와 기법을 결정하고 설교문을 완성하는 단계

이 다섯 단계는 본문이 이끄는 설교를 만들기 위해 설교자가 반드

시 거쳐야 할 단계들이다. 처
음 볼 때는 단순해 보이지만
각 단계마다 세부 단계가 있
어 설교자가 자칫 놓치기 쉬운
부분들을 보강하고 있다. 이제
다음 장에서 본문이 이끄는 설
교를 위한 단계에 대해 차례차
례 알아보도록 하자.

1장

본 문 에 푹 빠 지 다 :
본 문 을 묵 상 하 고 연 구 하 라

● 이번 장에서는 본문이 이끄는 설교를 위한 첫 단계인 본문을 묵상하고 연구하는 것에 대해 알아보자. 첫 단계지만 가장 기본이 되는 방법론이므로 주의 깊게 살피고 반복적인 연습을 통해 익숙해지게 만들어야 한다. 본문 묵상 및 연구와 관련된 세부 주제는 본문 선택법, 본문 묵상법, 본문 연구법이다.

본문을 잡다:
본문 선택법

본문이 이끄는 설교를 위한 첫 단계는 본문을 선택하고, 그것을 묵상하며 연구하는 것이다. 설교의 대가들은 설교를 준비하는 첫 단계부터 뭔가 다르다. 본문을 택하는 식견과 그 후 진행되는 자신만의 묵상 및 연구법이 있다. 처음 설교를 배우는 학생은 이제부터 제시되는 것들을 견고한 출발점으로, 설교에 익숙한 사람들은 성장을 위한 참조사항으로 잘 익혀두어야 한다.

본문 선택의 가장 중요한 원칙은 자연스러운 본문의 구분에 따라 설교 본문을 결정하는 것이다.[20] 이렇게 본문을 선택할 때 설교의 내용이 자연스럽게 구성된다. 본문 선택의 기준은 성경본문의 장르에 따라 다르다. 예를 들어 서신서의 경우 본문에 나타난 논리의 흐름과 가르침의 내용 단락에 따라 본문을 잡아야 한다. 내러티브 본문의 경우 보통 한 사건의 완결, 즉 갈등 해결이 이루어지는 완전한 이야기를 범위로 잡는다. 시편의 경우 119편같이 히브리어 알파벳으로 구성된 긴 시를 제외하고는 대체적으로 한 시편 전체를 본문으로 잡는 것이 좋다. 잠언의 경우는 한 장에 여러 주제가 나오는 경우가 많기 때문에 일정한 주제에 따라 본문을 선택하면 된다. 선지서의 경우 예언이 주어진 상황, 예언의 내용, 예언의 성취 등을 고려해 본문을 선택하면 된다. 성경 장르에 따른 본문 선택 기준을 요약하면 다음과 같다.

설교 본문 선택 기준
1) 서신서: 논리의 흐름과 가르침의 단락
2) 내러티브: 이야기의 기승전결이 담긴 한 사건의 완결 범위
3) 시편: 시 전체
4) 잠언: 소주제 혹은 대주제
5) 선지서: 예언의 상황, 내용, 성취

본문을 선택할 때 자연스러운 논리 구분이나 이야기의 단위를 확인하는 가장 확실한 방법은 원어성경을 살펴보는 것이다. 예를 들어 네슬알랜(Nestle-Aland) 헬라어-영어 신약성경(Greek-English New Testament)을 살펴보면 신약의 모든 부분을 논리 단락으로 나누고 표제(title)를 붙여두었다. 설교자는 이 원어성경의 구분을 참고해 본문을 선택하면 된다. 원어성경이 어려운 경우 각 장의 내용 구분이 잘 되어 있고, 그것에 대한 표제가 붙여있는 영어성경이나 한글성경을 참조하면 수월하게 본문 선택을 할 수 있다. 또 다른 효과적인 방법은 주석을 활용하는 것이다. 대부분의 주석이 초반부에 주석하고자 하는 책의 전체 구조를 논리 단락으로 나누고, 세부 표제까지 달아두었다. 이것을 활용하면 본문이 속해있는 책의 전체 구조를 한눈에 파악할 수 있다. 또한 그것을 바탕으로 설교하고자 하는 본문을 쉽게 선택할 수 있다.

예를 들어 어떤 설교자가 에베소서 5장 중반부부터 6장 전체를 설교하려 하는데, 어떻게 본문을 나누고, 몇 번에 걸쳐 설교해야 할지 잘 모르겠다고 가정하자. 이런 경우 자신이 가지고 있는 에베소서 주석의 서론에 등장하는 전체 구조분석을 살펴보면 된다. 필라주석(Pillar New Testament Commentary)을 가지고 실습해보자. 먼저 필라주석에 등장하는 에베소서 전체 구조를 보니 5장 중반부부터 6장 끝까지의 내용분석은 다음과 같다.

에베소서 5장 중반부 이하 및 6장의 내용분석[21]

어떻게 살아야 할지 주의를 기울이라, 5:15-6:9

1. 주의하여 살피며 살아가라, 5:15-21

2. 그리스도인 가정에서의 올바른 관계, 5:22-6:9

   a. 아내와 남편: 주님과 교회, 5:22-33

   b. 자녀와 부모, 6:1-4

   c. 종과 주인, 6:5-9

영적전쟁, 6:10-20

1. 주 안에서 강해지라, 6:10-13

2. 강하게 서서 하나님의 갑주를 입으라, 6:14-17

3. 깨어 기도하라, 6:18-20

끝인사, 6:21-24

위의 내용분석을 보면 5장 중반부터 6장 전체는 두 개의 대주제와 끝인사로 구성되어 있다. 첫 대주제에 해당하는 5장 15절부터 6장 9절은 세상에서 성도들이 어떻게 주의를 기울이며 살아갈지에 관한 것이다. 이 대주제 아래 설교자는 소주제로 세상에서 주의하며 살아가야 할 이유 1회, 그리스도인 가정에서의 올바른 가족관계(아내와 남편, 자녀와 부모, 종과 주인)를 최소 3회 설교할 수 있다. 두 번째 대주제인 6장 10-20절은 영적전쟁에 관한 것이다. 이 두 번째 대주제 아래 설교자는 소주제로 주 안에서의 강함, 하나님의 전신갑주, 깨어 기도함에 대해 적어도 3회 설교할 수 있다. 마지막 끝인사인 6장 21-24절을 한 번 설교한다면 설교자는 5장 중반부부터 6장까지 최소 여덟 번을 설교할 수 있다. 이렇게 주석에 이미 전체 내용분석이 나와 있기 때문에 설교자는 그것을 참고해 쉽게 설교 본문을 택할 수 있다.

설교 본문을 선택할 때 원어성경을 참고하든, 영어성경 혹은 한글성경을 사용하든, 아니면 주석을 사용하든 그것은 설교자의 선택이다. 분명한 것은 어떤 것을 참고하든 설교자는 본문의 자연스러운 논리 단락(혹은 의미 단락)을 확인하고 그것을 바탕으로 본문을 선택해야 한다는 점이다.

> **📖 확 인 하 기**
> 본문 선택의 가장 중요한 원칙은 자연스러운 본문의 구분에 따라 설교 본문을 결정하는 것이다.

본문을 느끼다:
본문 묵상법

설교자는 사람 앞에서 말하는 자이기 전에 하나님 앞에서 듣는 자가 되어야 한다. 설교역사를 보면 탁월한 설교자들은 깊은 성경묵상을 통해 하나님의 음성을 듣는 사람들이었다. 설교자는 하나님께서 먼저 자신에게 무엇을 말씀하고 계신지 들어야 한다. 또한 자신의 설교를 듣게 될 청중에게 그분께서 무엇을 말씀하고 계신지 들어야 한다. 이런 묵상 과정이 있을 때 설교에 영적인 힘이 생겨 말씀을 듣는 영혼을 꿰뚫고 변화시킬 수 있다. 그렇다면 설교자는 어떻게 본문을 묵상해야 할까?

1. 기도하며 본문을 묵상하라

본문을 묵상하기 위해 설교자가 가장 먼저 해야 할 것은 기도다. 무엇을 위해 기도해야 할까? 먼저 설교자 자신을 위해 기도하라. 우리를 돌아보자. 설교자라는 위대한 소명자로 부름을 받았다. 그러나 정직하게 자신을 돌아보면 이 거룩한 소명에 너무도 부족한 자신과 직면하게 된다. 그러니 자신의 부족함을 인정하고 성령께서 도우시기를 겸손히 기도하라. 둘째, 설교를 듣게 될 청중을 위해 기도하라. 설교를 듣는 청중의 마음이 열리고 좋은 밭이 되어 메시지가 잘 심기고 자라 열매 맺을 수 있기를 기도하라. 셋째, 성경본문에 심겨있는 하나님의 뜻을 발견할 수 있도록 기도하라. 하나님의 뜻을 인간이 가늠할 수 없다. 그것은 인간의 얕은 지혜로는 도저히 이를 수 없는 진리다. 그러니 성경의 저자이신 성령께서 도와주셔야 깨달을 수 있다. 마지막 넷째, 청중 앞에서 설교할 때 성령께서 도와주시길 기도하라. 여러 번 강조한 것처럼 설교는 영적인 작업이다. 성령께서 도우시지 않으면 설교를 통해 영혼을 변화시킬 수 없다. 성령의 감동 없이도 본문의 내용을 입술로 전달할 수는 있다. 그러나 심령을 울리고 삶을 변화시키는 설교는 성령의 능력으로만 이루어지는 것이다.

역사를 변화시켰던 설교자들은 모두 기도하는 자였다. 18세기 영국과 미국에서 대각성운동(First Great Awakening)을 일으켰던 위대한 설교자 조지 휫필드의 설교 사역을 보면 이 사실이 분명해진다. 휫필드가 설교할 때마다 사람들이 가슴을 치고 울며 바닥에 엎드려 회개하고 회심하는 일들이 일어났다. 그의 설교에는 말씀의 깊이와 더불어 압도하는 성령의 능력이 있었다. 이 위대한 설교자 휫필드를 보면서 스펄전은 "그는 나의 설교학적 모델이다"라고 하였고, 로이드 존스는 그를 "영국이 배출한 가장 위대한 설교자"라고 칭송했다.[22] 설교역사가 다간(Edward C. Dargan)은 "설교역사에서 사도들 이후로 조지 휫필드만큼 위대하고 가치 있는 이름은 없다"[23]고까지 평가했다. 실로 설교역사에서 그가 18세기 부흥 역사에 미친 영향은 대단한 것이었다. 위대한 설교자, 위대한 설교, 그 이유가 무엇인가? 가장 중요한 요소 중 하나가 기도였다. 휫필드는 옥스퍼드대학 재학 시절부터 새벽과 저녁에 늘 기도했다. 하나님 앞에 무릎을 꿇고 성경을 읽으면서 끊임없는 기도로 말씀 한 구절 한 구절의 뜻이 무엇인지 깊이 묵상했다.[24] 설교를 준비하며 설교단에 서기 전까지 간절히 기도하던 모습은 그의 죽는 날까지 계속되었다. 우리의 설교에 성령의 강한 역사가 있어 영혼의 변화가 일어나는 것을 경험하기 원한다면 지금 기도해야 한다.

2. 다양한 방식으로 묵상하라

설교한 본문이 결정되면 눈으로 보기, 소리 내어 읽기, 암송 등의 다양한 방법으로 묵상하라. 눈으로 읽으면 빠르게 본문을 읽을 수 있다. 그러나 여기서 그치지 말라. 입으로 소리 내어 본문을 읽으라. 본문을 소리 내어 읽으면 눈으로만 봤을 때 발견하지 못했던 것을 깨닫게 된다. 시편 기자는 이것을 체험하고 말씀을 종일 작은 소리로 읊조렸다고 말한다.

"내가 주의 법을 어찌 그리 사랑하는지요 내가 그것을 종일 작은 소리로 읊조리나이다"(시 119:97).

본문을 소리 내어 읽어야 할 또 다른 이유는 설교할 때 성경본문이 설교자의 입에 익숙해져 있어야 하기 때문이다. 눈으로만 본문을 보다가 막상 설교하면 본문을 자연스럽게 발음하지 못하거나, 띄어 읽기를 적절하게 하지 못하는 경우가 생긴다. 그러나 설교 준비 때부터 입으로 여러 번 본문을 읽으면 이런 현상은 사라진다. 또한 본문 중 중요한 부분은 암송하는 것이 좋다. 암송 과정에서 깊은 깨달음을 얻을 수 있기 때문이다. 동시에 본문의 중요부분을 암송하면 설교의 가장 중요한 순간에 성경을 보지 않고 청중과 눈을 맞춰가면서 강조하듯 힘주어 이야기할 수 있어 훨씬 효과적인 전달이 이루어질 수 있기 때문이다. 중요한 성경구절을 외워서 청중에게 선포할 때 영적인 힘이 나오는 것을 경험하게 될 것이다.

> ☼ 깨달음과 통찰
>
> 설교자는 사람 앞에서 말하는 자이기 전에 하나님 앞에서 듣는 자가 되어야 한다.

3. 다양한 번역본으로 묵상하라

설교할 성경본문이 결정되면 다양한 방식으로 묵상할 뿐 아니라, 다양한 번역본으로 묵상해야 한다. 다양한 번역본으로 본문을 확인하면 단어, 표현, 구조의 차이점을 알 수 있다. 이를 바탕으로 설교자는 본문에서 어떤 부분에 연구가 필요한지 짐작할 수 있다. 예를 들어 어떤 설교자가 히브리서 10장 25절을 설교하려 한다고 하자. 그렇다면 먼저 설교할 때 사용할 개역개정을 여러 번 살펴보아야 한다.

"모이기를 폐하는 어떤 사람들의 습관과 같이 하지 말고 오직 권

하여 그날이 가까움을 볼수록 더욱 그리하자"(개역개정)

그 후에 여러 번역본을 읽으면서 그것들이 개역개정과 어떤 차이를 보이고 있는지 확인하라. 특별히 여러 가지 방식으로 표현되는 단어들을 주목하라. 이것들은 중요한 의미를 가진 것일 때가 많기 때문에 후에 원어성경을 통해 확인해봐야 한다. 다양한 번역본을 읽으면서 독특한 표현이나 중요하게 느껴지는 단어 등도 표시해두라. 히브리서 10장 25절의 번역본 중 몇 개를 살펴보면서 실습을 해보자. 아래 여러 번역본을 읽으면서 관심 있게 보아야 한다고 느껴지는 부분을 밑줄로 표시해보자.

"어떤 이들의 습관처럼 모이기를 폐하지 말고, 오히려 열심히 모이도록 서로 권하며 그날이 가까워짐을 볼수록 더욱 그렇게 하자"(바른성경)

바른성경은 본문을 개역개정과 크게 다르지 않게 번역했다. 하나 눈에 띄는 것은 '오히려'를 사용하면서 본문의 대조구조를 강조했다는 점이다. 왜 이런 대조가 강조되었는지 후에 헬라어 본문의 구조를 통해 확인해볼 필요가 있다.

"그리고 어떤 사람들처럼 같이 모이는 일을 폐지하지 말고 서로 격려해서 자주 모입시다. 더구나 그날이 가까와 오는 것을 아는 이상 더욱 열심히 모이도록 합시다"(공동번역)

공동번역에서는 '그날'에 대한 강조가 나타나고 있다. '더구나'와 '아는 이상'이라는 어구를 사용해 '그날'을 강조하고 있다. 이런 경우 헬라어 단어 연구를 통해 '그날'이 어떤 날인지 확인해야 한다.

"어떤 사람들이 하는 것처럼 <u>교회의 모임</u>에 빠져서는 안 됩니다. 그날이 가까이 다가오는 것을 볼수록 함께 만나며 서로를 격려해야 할 것입니다"(쉬운성경)

쉬운성경은 후에 살펴보겠지만 원어성경의 본래 뜻과는 다르게 본문이 번역되었다. 즉, '모이기를 폐하는 것'을 '교회 모임에 빠지는 것'으로 번역했다. 그렇다면 왜 이렇게 번역했는지 생각해보고, 본문의 모임이 어떤 모임을 말하고 있는지 본문의 배경 연구를 통해 확인해봐야 한다. 마지막으로 영문성경 하나를 살펴보자. 외국어를 통해 성경을 읽는 경우 천천히 읽기 덕분에 한글 번역본에서 쉽게 넘겼던 부분을 새롭게 볼 수 있다. 아래는 영문성경 ESV(English Standard Version)의 히브리서 10장 25절 번역이다.

<u>not neglecting</u> to meet together, as is the habit of some,
서로 모이는 것을 소홀히 하지 말며, 어떤 사람들의 습관처럼

but <u>encouraging</u> one another,
오히려 서로를 격려합시다

and all the more as you see the <u>Day</u> drawing near.
여러분이 그날이 다가오는 것을 볼수록 더욱 그렇게 해야 합니다

ESV는 원어성경에 가깝게 번역했기 때문에 본문 이해에 중요한 참고가 된다. 먼저 구조를 보면 주요내용이 분사형태(neglecting과 encouraging)로 되어 있다. 즉, 소홀히 하지 말아야 할 것과 격려해야 할 것이 대칭과 대조를 이루고 있다. '그날'은 관사와 대문자로 표현되어 'the Day'로 번역되었으므로 평범한 날이 아닌 예수님의 재림의 날임을 알 수 있다.

사실 여러 한글 번역본과 좋은 영문 번역본을 살펴보는 것만으로도 많은 것을 깨달을 수 있다. 또 본문 연구를 위한 대략적인 방향도 잡을 수 있다. 그러나 혹시 가능하다면 '바이블웍스'(BibleWorks) 같은 원어성경프로그램을 통해 원문을 확인해보기 바란다. 분명 또 다른 깨달음을 얻을 수 있을 것이다. 다음은 헬라어성경 히브리서 10장 25절이다.

μὴ ἐγκαταλείποντες τὴν ἐπισυναγωγὴν ἑαυτῶν,
우리의 함께하는 모임을 포기하지 맙시다

καθὼς ἔθος τισίν,
어떤 사람들의 습관처럼

ἀλλὰ παρακαλοῦντες,
그러나 서로 격려합시다

καί τοσούτῳ μᾶλλον ὅσῳ βλέπετε ἐγγίζουσαν τὴν ἡμέραν.
그날이 가까워져 오는 것을 볼수록 더욱 그렇게 합시다

원어성경을 살펴보면 개역개정이나 ESV가 잘 번역된 것을 알 수 있다. 여러 번역본에서 다양하게 표현되었던 '모임'은 헬라어 '에피

쉬나고겐'(ἐπισυναγωγὴν)에 해당하는데 일반 모임이 아니라 예배 모임임을 알 수 있다. '그러나'에 해당하는 단어는 '알라'(ἀλλὰ)로 강한 대조와 경고의 분위기를 풍기고 있다. '그날'은 '텐 헤메란'(τὴν ἡμέραν)으로 관사가 붙어 있어 일반적인 날이 아닌 예수님의 재림의 날을 나타내고 있다.

기도하면서 본문을 다양한 방식과 번역본으로 묵상했다면 두 가지를 얻었을 것이다. 첫째, 본문을 통해 설교자 자신과 청중에게 하나님이 어떤 말씀을 하셨는지 깨달았을 것이다. 둘째, 본문 연구를 할 때 어떤 부분을 집중적으로 살펴봐야 하는지 대략적인 본문 연구 방향을 얻었을 것이다. 이제 이 두 가지를 가지고 다음 단계인 본문 연구 과정으로 가면 된다.

> 📖 **확 인 하 기**
>
> 본문 묵상을 통해 하나님이 우리에게 무엇을 말씀하시는지 깨달으라. 또 본문의 어떤 부분을 집중적으로 연구해야 하는지 대략적인 방향을 설정하라.

본문과 씨름하다: 본문 연구법

본문을 충분히 묵상했다면 이제 해야 할 것은 본문을 연구하는 것이다. 본문을 연구해야 할 이유는 크게 두 가지다. 첫째, 자신이 묵상하며 깨달은 것이 올바른 것인지 확인하는 작업이 필요하기 때문이다. 묵상을 통해 심오한 것을 깨달았을지라도 그것이 이단적인 것일 수 있다. 실제로 많은 이단이 주관적이고 잘못된 묵상과 깨달음에서 시작되었다. 그렇기 때문에 자신이 깨달은 것이 올바른 해석에서 나온 것인지 반드시 점검해야 한다. 둘째, 자신이 본문에서 미처 깨닫지 못한 것이 없는지 살펴보는 과정이 필요하기 때문이다. 우리가 설교해야 할 성경본문에는 하나님의 깊은 진리가 담겨있다. 어떤 설교자가 일정 정도의 신학적 식견을 가지고 있다 할지라도 본문에 나타난 일부 지식만을 깨달았을 확률이 크다. 설교자는 본문 연구를 통해 자신의 지적 한계를 넘어 새로운 사실과 통찰을 얻도록 노력해야 한다.

성경본문을 연구하는 방법은 다양하다. 신학생 시절 주해 과목들을 통해 배운 본문 연구방법을 다시 살펴보고 적절하게 활용하면 된다. 자신에게 맞는 본문 연구의 방법을 결정하면 되는 것이다. 그러나 어떤 방법을 택하든 다음과 같은 기본적인 과정이 있어야 효과적인 본문 연구가 이루어질 수 있다. 1) 본문의 근접 및 전체 문맥 확인, 2) 단어 연구, 3) 문법 연구, 4) 배경 연구, 5) 본문 해석, 6) 본문의 신학 파악. 이제 어떻게 이 여섯 과정을 통해 본문을 연구해야 하는지 구체적으로 살펴보자.

> **📖 확 인 하 기**
>
> 본문 연구는 묵상을 통해 깨달은 것에 잘못이 없는지 확인하는 작업이다. 동시에 본문에서 아직 깨닫지 못한 것을 발견하는 작업이기도 하다. 본문 연구는 1) 본문의 근접 및 전체 문맥 확인, 2) 단어 연구, 3) 문법 연구, 4) 배경 연구, 5) 본문 해석, 6) 본문의 신학 파악을 통해 이루어진다.

1. 본문의 근접 및 전체 문맥 확인

흔히 숲과 나무의 비유로 전체 속에서 부분을 파악하는 것의 중요성을 강조한다. 이제 자신이 선택한 본문이라는 나무가 문맥이라는 숲에서 어떤 위치에 있는지 확인해보라. 본문의 근접 문맥은 본문이 속해 있는 바로 앞뒤의 성경 문맥을 말한다. 전체 문맥은 본문이 속한 책 혹은 성경 전체에서의 위치와 그것이 갖고 있는 의미를 말한다. 본문의 근접 문맥을 가장 쉽고 확실하게 확인하는 방법이 있다. 내용을 잘 분석하고 그에 따라 표제어를 달아둔 스터디 바이블 같은 좋은 성경을 사용해 본문의 앞뒤 표제어를 확인하는 것이다. 근접 문맥과 더불어 전체 문맥을 동시에 확인하는 가장 쉬운 방법은 주석서 앞에 있는 책의 전체 내용분석을 확인해보는 것이다.

실례를 살펴보자. 브루스(F. F. Bruce)에 따르면 앞에서 살펴본 히브리서 10장 25절은 '그리스도의 희생을 통해 하나님께 나아감'(10:19-25)이라는 주제에 속해 있다.[25] 근접 문맥을 살펴보자. 이 주제의 앞에는 '지극히 높으신 대제사장'(10:11-18)의 내용이 위치해 있다. 뒤에는 '배교의 죄'(10:26-31)란 내용이 있다. 전체 문맥을 알아보자. 히브리서의 내용은 크게 여덟 부분으로 나뉘는데 10장 25절은 여섯 번째 구분인 '더욱 요구되는 예배, 믿음, 인내'(10:19-12:29)에 속해 있다. 근접 문맥과 전체 문맥 연구를 통해 10장 25절이, 대제사장이신 그리스도를 생각하며, 핍박으로 배교가 벌어지는 상황에서도, 성도는 끝까지 믿음과 인내로 함께 모여야 힘을 강조하고 있는 것을 알 수 있다.

2. 본문의 중요 단어 연구

본문의 근접 및 전체 문맥을 살펴봄으로 본문이 속한 위치와 대략적인 의미를 파악했다. 이제 본문을 세부적으로 살펴보아야 한다. 본문의 세밀한 연구를 위해 처음 해야 할 것은 단어 연구다. 본문을 읽으면서 의미가 분명하게 파악되지 않았던 단어나, 중요하다고 생각되어 표시해둔 단어들을 연구하라. 예를 들어 히브리서 10장 25 절을 읽으면서 중요한 단어를 표시해두었다고 하자. 그럼 이제 성경 사전이나 온라인 성경연구프로그램을 통해 단어의 뜻을 확인해보아야 한다. 바이블웍스를 통해 확인해보면 '모임'(ἐπισυναγωγὴν, 에피쉬나고겐)이라는 단어는 단순한 사회 친교모임이 아닌 주로 예배를 목적으로 모이는 '신앙적 모임'이다. '그러나'(ἀλλὰ)는 '포기하지 않으며'와 '격려하며'의 분사 중간에 위치한 대조를 강조하는 접속사로, 의미의 대조와 강조를 나타내고 있다. 또한 '그날'(τὴν ἡμέραν)은 평범한 날이 아니다. 관사가 붙어 있으므로 예수님의 재림의 날이다.

이처럼 성경사전이나 성경연구프로그램을 사용해 중요한 단어를 조사한 후 본문을 다시 보면 의미가 명확해지고, 본문의 강조점을 찾을 수 있다. 본문 연구를 마치고 10장 25절을 다시 보면, 핍박이 일어나는 상황에서 성도는 '신앙의 모임'을 포기하지 말고, '오히려' 서로 격려해서 더 힘써 모여 '예배'해야 한다는 사실이 강조되고 있다. '예수님의 재림'이 다가오고 있기 때문이다.

본문이 긴 경우 모든 단어를 살펴볼 수는 없다. 그렇기 때문에 앞에서 언급한 것처럼 여러 번역본을 읽으면서 의미가 확실치 않은 단어, 여러 형태로 번역되어 중요하게 느껴지는 단어들을 표시해두었다 그것들을 중심으로 단어 연구를 해야 한다. 그렇다면 단어 연구가 어떤 구체적인 유익을 줄 수 있을까? 첫째, 청중이 이해하기 어려운 단어의 뜻을 명확하게 해준다. 둘째, 반복되는 단어를 파악해 본문이 무엇을 강조하고 있는지 알 수 있게 해준다. 셋째, 본문의 상황이나 의미를 설교에서 생생하게 표현할 수 있게 해준다.

먼저 단어 연구가 청중이 이해하기 어려운 단어의 뜻을 명확하게 해주는 예를 잠언 한 구절을 통해 알아보자.

> "은에서 찌꺼기를 제하라 그리하면 장색의 쓸 만한 그릇이 나올
> 것이요"(잠 25:4).

이 구절에서 익숙하지 않고, 뜻이 분명하지 않은 단어가 무엇인
가? '장색'이다. 이 단어가 무슨 뜻인가? 모른다면 성경사전 등을 통
해 찾아보아야 한다. 설교자가 모르는 단어를 청중이 알기는 어렵
다. '장색'(צָרַף, 차라프)은 히브리어로 '금속세공인'이란 단어다. 그래
서 영어로는 '제련업자'(smelter)나 '세공업자'(smith)로 번역했다.[26]
한국말로는 '금속장인'으로 번역할 수 있다. 이것을 바탕으로 쉽게
잠언 25장 4절을 풀어보면 '은에서 찌꺼기를 빼내십시오. 그러면 장
인이 쓸 만한 그릇이 나올 것입니다'가 된다. 본문을 읽으면서 명확
하지 않은 단어들을 절대 그냥 넘기지 말고 단어 연구를 통해 그 뜻
을 분명하게 밝히라. 청중에게 본문의 단어의 뜻을 쉽고 정확하게
풀어주는 것은 설교자의 기본 중의 기본이다.

단어 연구는 성경본문에 나타난 단어의 뜻을 알기 위해서뿐 아니
라 중심주제를 파악하기 위해서도 중요하다. 본문에 반복적으로 나
타나는 단어를 연구하면 중심주제를 파악할 수 있다. 사무엘하 9장
1-8절은 다윗과 므비보셋의 이야기다. 이 본문을 자세히 살펴보면
세 번이나 '은총'이라는 단어가 반복되어 나타난다(개역개정 1, 3, 7
절). 이 '은총'이라는 단어를 한국어 공동번역은 '은혜'로, ESV, KJV,
NIV 같은 영어성경은 '친절함'(kindness)으로 번역했다. 앞에서 이미
강조한 것처럼 본문에서 계속 한 단어가 반복되고 다양한 뜻으로 번

역될 때는 그 단어의 뜻을 꼭 확인해보아야 한다. 반복되고 있는 '은 총'은 히브리어로 '헷세드'(חֶסֶד)다. 잘 알려진 것처럼 '헷세드'는 변치 않는 사랑(loving kindness), 혹은 계약에 의한 신실한 사랑(covenantal love)이다. 단순히 인간적 호의나 친절함이 아니다. 변하지 않는 사랑이며, 신실한 약속에 근거한 사랑이다. 이 단어의 반복을 통해 본문은 다윗이 요나단의 아들 므비보셋에게 헷세드를 베풀기 원한다는 것을 나타낸다. 단어의 반복을 통해 본문은 다윗이 하나님뿐 아니라 사람과의 관계에서도 신실함을 지키려 애쓰고 있다는 것을 강조하고 있다. 본문이 이것을 강조하기 때문에, 설교자는 본문의 의도대로 다윗의 변치 않는 신실함을 설교에서 강조하고 오늘날로 연관시켜 적용해야 한다.

> ### 💡 깨 달 음 과 통 찰
> 본문에서 계속 한 단어가 반복되고 다양한 뜻으로 번역될 때는 그 단어의 뜻을 꼭 확인해보아야 한다.

마지막으로 단어 연구를 통해 설교자는 본문의 상황을 정확하게 파악하고 설교에서 그것을 생생하게 제시할 수 있다. 언젠가 사무엘상 1장에 등장하는 한나의 불임에 대해 설교한 적이 있다. 설교의 제목은 '쓴 영혼이 은혜로 채워질 때'였다. 아이를 잉태하지 못해 괴로워하는 한나에게 하나님께서 어떻게 은혜를 베푸셨는지에 대한 설교였다. 설교의 전반부에서 한나의 힘들고 아픈 마음을 '영혼이 쓴 상태'로 묘사했다. 마음의 고통을 미각으로 표현하자 청중이 설교에 집중하는 것을 느꼈다. 이런 시도는 사무엘상 1장의 단어 연구에서 아이디어를 얻은 것이다. 본문 10절은 이렇게 되어 있다.

"한나가 마음이 괴로워서 여호와께 기도하고 통곡하며"

여러 번역본을 살펴보면 '괴로워서'라는 단어가 '마음이 아파'(공동 번역), 혹은 '매우 슬퍼'(쉬운성경) 등으로 다양하게 번역됐다. 설교자는 청중이 공감할 수 있도록 한나의 절박한 마음을 생생하게 표현해야 한다. 그런데 '괴롭다' '아프다' '슬프다'는 너무 익숙한 말이어서 청중의 마음에 잘 다가오지 않을 수 있다. 그런데 ESV, KJV 같은 영어성경은 이것을 '그녀의 영혼이 쓴 상태였다'(She was in bitterness of soul)라고 번역했다. 뭔가 익숙지 않지만, 새로운 느낌을 준다. 그렇다면 단어를 좀 더 연구해보아야 한다. 히브리어 본문은 어떤 단어를 썼을까? 원문에는 이 구절이 '그녀의 영혼이 쓰다(혹은 쓰게 되었다)'라고 되어 있다. 여기서 '쓰다'의 뜻으로 쓰인 단어는 출애굽기 15장 23절의 '마라의 쓴 물'에 사용된 '마르'(מַר)라는 단어다. 히브리어 본문은 한나의 괴로운 영혼을 쓴 상태의 미각으로 표현한 것이다. 생생하게 느껴지는 이 단어를 가지고 설교자는 다음과 같이 설교할 수 있다.

> 한나는 지금 마음이 몹시 괴롭습니다. 본문의 히브리어 원문은 '괴롭다'는 표현을 '영혼이 쓰게 되었다'라고 표현했습니다. 여러분, 설익은 과일을 먹었다가 입에 신물이 고여 본 적이 있습니까? 마음이 괴로워 밤새 뒤척이며 속을 끓이다 목까지 신물이 역류된 적이 있습니까? 지금 한나의 영혼에는 이런 신물이 가득합니다. 너무도 슬프고 괴롭습니다.

간단한 예이지만 이 같은 단어 연구를 통해 설교자는 본문에 나타나는 상황을 새롭고 더 생생한 방식으로 살려낼 수 있다.

3. 본문의 문법 연구

보통 우리는 '문법'이라는 말을 들으면 딱딱하고 힘들 것 같은 느낌을 갖는다. 그러나 본문의 문법 연구는 설교자에게 명확함과 새로운 통찰을 준다. 로스컵(James E. Rosscup)은 문법 연구가 설교자에게 '정교함의 놀라운 매력을 주는 친구'가 될 수 있음을 다음과 같이 말했다.

> 성경 강해자는 본문에서 하나님이 의도하신 의미를 파악하는 것을 돕는 데 문법이 진실한 친구가 된다는 사실을 발견하게 될 것이다. 문법 그 자체를 목적으로 생각하며 열중하느라 곁길로 빠지지 않는다면 여기서 많은 유익을 얻을 수 있다. 문법은 단어와 구의 상호 관계와 관련이 있다. 문법의 세부사항은 인간 저자(혹은 하나님)가 원독자(그리고 그 후의 독자들)에게 파악하도록 의도한 생각을 분명하게 해준다. 따라서 설교자는 문법적 요소에 능숙해야 한다. 문법을 모르면 본문 분석에서 때로 상충되는 주석가들에게 전적으로 의존해야 한다. 문법을 알 때 강해설교자는 그것을 사용해 하나님의 메시지를 더 정확히 알 수 있다.[27]

본문의 문법 연구는 본문의 시제(tense), 수(number), 태(voice), 격(case), 용례(usage), 문장 구문(syntax) 등을 살펴보는 것이다. 단어 연구와 더불어 문법 연구는 설교자가 본문을 세밀하게 분석하고 정확한 의미를 찾을 수 있도록 도와준다. 예를 들어 문법 연구를 기본으로 본문의 구조를 잘 파악하면 그것을 바탕으로 정확한 설교개요를 만들 수 있다. 실례로 에베소서 5장 15-21절을 설교하려 한다고

해보자. 몇 개의 대지로 나누어 설교를 해야 할까?

15 그런즉 너희가 어떻게 행할지를 자세히 주의하여 지혜 없는 자같이 하지 말고 오직 지혜 있는 자같이 하여 16 세월을 아끼라 때가 악하니라 17 그러므로 어리석은 자가 되지 말고 오직 주의 뜻이 무엇인가 이해하라 18 술 취하지 말라 이는 방탕한 것이니 오직 성령으로 충만함을 받으라 19 시와 찬송과 신령한 노래들로 서로 화답하며 너희의 마음으로 주께 노래하며 찬송하며 20 범사에 우리 주 예수 그리스도의 이름으로 항상 아버지 하나님께 감사하며 21 그리스도를 경외함으로 피차 복종하라

언뜻 보기에 대지를 나누는 것이 쉬운 것 같아도 그렇지 않다. 또 대지를 설교자가 임의로 나누었어도 본문이 정말 그렇게 대지로 나뉠 수 있는지 확인해보아야 한다. 이때 문법 연구를 하면 쉽게 대지를 나눌 수 있다. 대지를 나누기 위해 먼저 주동사(main verb)를 찾으라. 미리 힌트를 주면 본문은 주동사가 명령형으로 되어 있다. 한글번역에 동사처럼 보이는 것들은 대부분 분사로 되어 있어, 동사를 꾸미거나 동사의 연속적 효과를 나타내고 있다.[28] 잘 살펴보면 본문의 주동사는 다음과 같다.

15절: 주의하라(look carefully, βλέπετε)

17절: 어리석은 자가 되지 말라(do not be foolish, μὴ γίνεσθε ἄφρονες)

이해하라(understand, συνίετε)

18절: 취하지 말라(be not drunk, μὴ μεθύσκεσθε)

충만함을 받으라(be filled, πληροῦσθε)

명령법으로 나타나는 주동사를 보면 총 다섯 개다. 그렇다면 본문의 설교 대지는 주동사를 따라 다섯 개가 되어야 한다. 하지만 17, 18절의 두 명령법을 보면 그 사이에 '그러나'(ἀλλὰ)라는 접속사가 있어 대조를 이루는 하나의 주동사 그룹으로 볼 수 있다. 그렇게 보면 주동사가 있는 15, 17, 18절을 중심으로 설교의 세 대지를 잡을 수 있다.

대지 1: 어떻게 행할지 주의하라(15절)
대지 2: 어리석은 자가 되지 말고, 주의 뜻을 이해하라(17절)
대지 3: 술 취하지 말고, 성령 충만을 받으라(18절)

흔히들 위의 본문을 읽고 대지를 잡아보라고 하면 위의 주동사 바탕의 대지 외에, '세월을 아끼라'(16절) 혹은 '피차 복종하라'(21절)를 대지로 잡는 목회자들이 있다. 그러나 이 두 구절은 문법 형태가 분사로, 주동사를 꾸미거나 동사의 계속적 효과를 나타낸다. 즉 '세월을 아끼라'는 분사는 15절의 '주의하라'는 주동사에, '피차 복종하라'는 분사는 18절의 '충만을 받으라'는 주동사에 연결된 것이다.

만약 설교자가 에베소서 5장 15-21절을 한 번에 설교하는 것이 시간적으로 부족하다면 주동사를 중심으로 세 번으로 나누어 설교하면 된다. 혹은 설교의 분량을 조절하기 위해 주동사 두 개의 절들(15-17절)로 설교하고, 나머지 주동사와 연결된 절들(18-21절)로 한

번 더 설교할 수도 있다.

한편 에베소서 5장 18-21절을 세부적으로 나누어 설교할 때는 어떻게 대지를 잡아야 할까? 역시 문법 연구를 활용하면 대지를 분명하게 잡을 수 있다. 이미 말한 대로 18절의 주동사는 '취하지 말라'(be not drunk, μὴ μεθύσκεσθε)와 '충만함을 받으라'(be filled, πληροῦσθε)다. 그리고 이어지는 19-21절에는 '충만함을 받으라'는 주동사의 영향으로 보이는 행동들이 분사로 나타나고 있다.[29] 즉 충만함을 유지하기 위해, 혹은 충만함의 결과로 '화답하며'(speaking, λαλοῦντες) '노래하며'(singing, ᾄδοντες) '찬송하며'(praising, ψάλλοντες) '감사하며'(giving thanks, εὐχαριστοῦντες) '복종하며'(submitting, ὑποτασσόμενοι)라는 동작이 다섯 개의 분사로 나타나고 있다. 이와 같은 문법적 분석을 바탕으로 두 개의 주동사로 대지를 잡고, 다섯 개의 분사가 두 번째 주동사에 연결되어 있는 것을 감안해 두 번째 대지의 소대지로 아래와 같이 잡으면 된다.

대지 1: 술 취하지 말라(18절)
대지 2: 성령의 충만함을 받으라(18절)
    소대지 1: 시, 찬송, 신령한 노래로 화답하고 노래하며 찬
        양하라(19절)
    소대지 2: 감사하라(20절)
    소대지 3: 복종하라(21절)

문법 연구가 때로는 너무 사소한 것을 뒤적이는 것 같아 설교자에게 피곤하게 느껴질 수도 있다. 그러나 그것을 통해 설교자가 얻는

여러 통찰을 생각해볼 때 결코 포기할 수 없는 귀한 주해과정 중 하나다. 이제 단어 연구와 문법 연구를 통해 본문을 세밀하게 살펴보았다면, 본문의 배경을 살펴볼 차례가 됐다.

4. 본문의 배경 연구

본문의 배경 연구는 본문과 연관되어 있는 시간, 장소, 종교, 문화, 역사 등을 살피는 작업이다. 채플(Bryan Chapell)은 설교자가 본문의 배경을 완전히 이해하지 못했다면 아직 주해 작업이 끝나지 않은 것이라고 말했다.[30] 그는 효과적인 배경 연구를 위해 설교자들이 스터디 바이블, 주석, 성경 핸드북, 성경사전 및 백과사전 등을 적극적으로 사용할 줄 알아야 한다고 강조했다. 요크도 성경에는 당시 배경을 알지 못하면 바른 의미를 절대 알 수 없는 본문이 있다는 점을 강조하면서 설교자들이 배경 연구에 힘쓸 것을 당부했다.[31]

예를 들어 시편 137편은 탄원시로서 유대인들이 바벨론에 포로로 잡혀갔을 때 고향을 그리워하며 쓴 것이다. 만약 청중이 그런 역사적 배경을 모른다면 시인의 마음을 절대 느낄 수 없을 것이다. 요한복음 4장은 예수님께서 사마리아 여인과 만나셨던 본문인데, 여기서 예수님은 사회적 편견을 산산조각 내셨다. 당시 유대에서 갈릴리로 갈 때 사마리아를 통하면 빠르게 갈 수 있음에도 유대인들은 사마리아인들이 싫어 먼 길로 돌아갔다. 이런 사실을 청중이 모른다면 유대인들의 사회적 편견이 얼마나 대단했는지 느낄 수 없을 것이다. 이런 배경을 고려해보면 사회적 편견을 깨고 상처 입은 영혼을 품으시는 예수님이 얼마나 귀한 분인지 알 수 있다. 이처럼 설교자가 본문에 스며있는 배경을 발견해 적절하게 청중에게 설명하지 않으면 본문은 생명력을 잃은 건조하고 딱딱한 문자로만 남아있을 것이다.

본문의 배경 연구를 통해 익숙했던 본문을 새로운 메시지로 전달할 수 있는 실례를 살펴보자. 고린도전서 13장을 본문으로 한 사랑에 대한 설교를 많이 들어보았을 것이다. 많은 설교자가 본문에서 말하는 사랑에 대한 내용들을 바로 다룬다. 그런데 그전에 다음과 같이 고린도라는 도시의 배경을 먼저 설명하면 어떨까?[32]

고린도는 상업, 특별히 항만과 상업이 발달한 도시로 유명했습니다. 그러나 고린도가 주변 도시들 중에서 유명해진 데는 또 다른 이유가 있었습니다. 그것은 고린도에 만연한 '성적 타락' 때문이었습니다. 고대 그리스의 대표적인 희극작가 아리스토파네스(Aristophanes)는 헬라어 '코린디안제스타이'(korinthianzesthai)라는 말을 만들어 냈습니다. 이 단어의 문자적 의미는 '고린도 사람처럼 행하다'였지만, 실제로는 '음란을 행하다'라는 뜻으로 쓰였다고 합니다. 또 창녀의 완곡한 표현으로 '고린도 여자'(Corinthian girl)라는 말을 사용했다고 합니다. 그리고 숫자가 과장된 것이라는 논란이 있지만, 고린도에서는 사랑의 여신 아프로디테 신전의 천 명의 여사제들이 종교매춘을 했다고 그리스 역사학자 스트라보(Strabo)는 말했습니다. 고린도에 엄청난 성적 타락이 있었던 것입니다. 이런 성적 타락의 문화에서 많은 사람이 사랑과 성

(sex)을 혼동하지 않았을까요? 사랑을 끓어오르는 욕구와 성적 교제라고 생각하지 않았을까요? 이렇게 사랑과 성을 혼동하는 고린도를 향해 지금 바울은 외치는 것입니다. 진정한 사랑은 그런 것이 아니라고. 진짜 사랑은 이런 것이라고. 그는 오늘 본문을 통해 음란의 도시에서 무엇이 진짜 사랑인지 가르쳐주고 있습니다.

'사랑은 오래 참습니다. 사랑은 친절합니다. 사랑은 시기하지 않습니다. 사랑은 자랑하지 않습니다. 사랑은 교만하지 않습니다. 사랑은 무례히 행동하지 않습니다. 사랑은 자기 유익을 구하지 않습니다. 사랑은 쉽게 성내지 않습니다. 사랑은 원한을 품지 않습니다. 사랑은 불의를 기뻐하지 않고 진리와 함께 기뻐합니다. 사랑은 모든 것을 덮어 주며, 모든 것을 믿으며, 모든 것을 소망하며, 모든 것을 견뎌냅니다. 그래서 사랑은 영원합니다.' 이 메시지를 듣는 고린도 사람들은 지금 속으로 무엇을 생각하고 있을까요? 음란한 도시에 사랑의 숭고한 메시지가 바울을 통해 전해집니다. 그리고 시대를 넘어 다시 우리에게 다가옵니다.

배경 연구를 충실히 하라. 그러면 말씀이 생생해지면서 본문이 현실로 다시 살아나는 경험을 하게 될 것이다. 그것이 배경 연구가 주는 힘이다. 설교자가 배경 연구를 통해 본문의 문을 열 때 청중은 더 쉽고 자연스럽게 놀라운 말씀의 세계로 들어가게 된다.

> ☼ 깨달음과 통찰
> 본문에 스며있는 배경을 설교자가 발견해 적절하게 청중에게 설명하지 않으면 본문은 생명력 없는 건조하고 딱딱한 문자로만 남아있을 것이다.

5. 본문 해석

이제 지금까지 연구한 것을 가지고 본문을 해석하는 단계에 왔다. 본문을 다양한 번역본으로 여러 번 읽으면서 근접 및 전체 문맥을 확인하고, 단어와 문법 연구를 거친 후에 배경 연구까지 마치면 어느 정도 자신의 해석이 생기게 된다. 그것이 맞는지 먼저 성경 자체에서 확인해보라. 자신이 선택한 본문의 주제와 관련된 구절 및 본문들(cross-references)을 성경 전체에서 찾아보라. 예를 들어 마태복음 19장 16-22절을 본문으로 '재물이 많아 예수님을 따르지 못한 청년'에 대해 설교한다면, 같은 내용을 다루고 있는 마가복음 10장 17-31절과 누가복음 18장 18-30절을 찾아보고 비교 연구해보라.

또 데살로니가후서 1장 11절을 본문으로 모든 선함과 믿음의 역사를 이루는 '능력'(power)에 대해 설교한다면, 성경에서 말하는 능력이 무엇인지 살피기 위해 성경사전에서 '능력'을 찾아 그와 관련된 본문들을 확인해보라. 본문에 대한 자신의 해석이 다른 성경 부분과 모순되거나 크게 차이 나지 않으면 좋은 해석이 이루어진 것이다. 이렇게 자신이 택한 본문이 다루고 있는 주제를 성경의 다른 부분에서 찾아 비교함으로써 바르게 해석했는지 살피는 것은 설교자가 빼놓을 수 없는 중요한 성경해석의 원칙 중 하나다.

이 작업이 끝났다면 이제 본문을 다시 읽으면서 한절 한절이 어떻게 해석되는지 살펴보라. 특별히 본문 원저자의 의도가 무엇인지 파악하려 노력해보라. 동시에 본문이 주어진 첫 청중에게 어떤 의미로 다가왔을지 생각해보라. 이 단계에서 좋은 주석들을 참고하는 것이 필요하다. 그러나 주의할 점이 있다. 본문 연구 초기 단계에서 주석을 먼저 볼 경우 주석가의 주관적 해석에 갇힐 수 있다. 단어 연구부터 배경 연구까지 자신의 연구를 마친 후에 주석들이 본문을 어떻게 해석하고 있는지 확인해보라. 자신의 해석이 올바른 것인지, 또 다른 해석의 방향은 없는지 살펴보라. 주석들의 입장이 다른 경우 자신이 연구했던 것을 바탕으로 하나의 해석을 선택하면 된다.

6. 본문이 속한 책의 신학 파악

본문에 대한 해석이 끝나면 설교에 필요한 본문 연구가 거의 끝난 것이다. 한 가지 추가로 필요한 것은 본문이 속한 책의 신학이 무엇인지 파악하는 것이다. 본문이 속한 책의 신학을 바로 파악하는 것은 설교가 방향을 잃지 않도록 해주는 나침반 역할을 한다. 본문의 근접, 전체 문맥을 연구하고 단어부터 배경까지 연구해 해석을 했다면 주석의 서론 부분이나 신구약개론 등을 통해 본문이 속한 책의 신학이 무엇인지 살펴보라. 물론 이 작업을 본문 연구의 첫 단계로 시작해도 된다. 본문 연구의 처음에 하든, 마지막에 하든 본문이 속한 책의 신학을 정확하게 파악하는 것이 꼭 필요하다.

종종 목회자들이 본문이 속한 책의 신학적 관점을 파악하지 못해 엉뚱한 메시지를 전하는 것을 본다. 이런 실수를 범하지 않기 위해 본문의 문맥, 단어, 문법, 배경, 해석을 연구한 후에 본문이 속한 책의 신학을 반드시 파악해야 한다. 그럴 때 깊고 분명한 신학적 통찰을 담은 메시지가 나오게 된다.

예를 들어 창조에 관한 내용이 담긴 창세기 1장이나 하나님께서 아브람을 불러내신 12장을 설교한다고 생각해보자. 1장이나 12장의 문맥, 단어, 문법, 배경 연구 및 해석과정을 거친 후에 여러 가지 메시지를 설교할 수 있다. 그러나 그 메시지가 설교자의 주관적인 것이 아니라 본래 창세기가 의도한 방향대로 되기 위해서는, 본문이 속한 창세기가 어떤 신학을 가지고 있는지 파악해야 한다.

창세기는 '하나님의 창조와 선민의 선택'이라는 신학을 담고 있다. 창세기의 제목이 이 사실을 강조한다. 우리가 잘 아는 것처럼 유대인 전통은 창세기의 제목을 "태초에"(בְּרֵאשִׁית)로 삼았고, 기독교 전통은 창세기 2장 4절 전반절의 칠십인경 번역에 나오는 "기원"(γενεσις)을 그 제목으로 택했다.[33] 두 제목 모두 이 우주의 기원이 하나님의 창조에 있음을 보여주고 있다. 창세기의 구조 또한 창세기의 신학을 강조한다. '톨레돗'(תּוֹלְדוֹת)은 기원(origin) 혹은 족보(generation) 등의 뜻을 가지고 있는데, 창세기의 체계적이면서 구조적인 틀을 이루면서 하나님의 창조와 선민의 선택이라는 신학적 메시지를 보여준다.[34] 창세기의 제목과 구조뿐 아니라 창세기의 내용분석에서도 동일한 신학이 나타나고 있다.

창세기는 그 내용에 따라 크게 두 부분으로 나눌 수 있다. 첫 번째는 1-11장으로 세계의 기원을 다루고 있는 원역사(primeval history)다. 두 번째는 12-50장으로 족장들의 삶이 그려지고 있는 족장사(patriarchal history)다. 원역사가 세상과 인류의 기본적 삶의 양식에 대한 기원을 말하고 있다면, 족장사는 이스라엘 민족의 기원, 즉 선민의 선택을 다루고 있다. 창세기 신학에 나타난 하나님의 창조와 선민의 기원에 관한 메시지는 이것을 처음 접한 이스라엘 광야 공동체에게 꼭 필요한 것이었다. 전통적 입장에서 볼 때 창세기는 모세가 기록했고, 이스라엘이 출애굽한 후 가나안에 들어가기 전에 주어졌다.[35]

이집트에서 약 400년을 종살이했던 이스라엘에게 신관과 정체성에 심각한 혼란이 있었을 것으로 예측할 수 있다. 이스라엘 백성에게는 강력한 이집트 신들의 기억이 남아 있었을 것이다. 그래서 하나님은 출애굽 직전 열 가지 재앙을 통해 이집트의 신들을 무력화시키시고 자신이 참 하나님임을 보이셨다.[36] 창세기는 출애굽한 이스라엘 백성에게 태양, 달 같은 이집트의 절대적 신으로 여겨지는 것들 또한 하나님의 피조물임을 분명하게 보여준다.

더불어 자신을 노예로 인식했던 이스라엘에게, 창세기는 족장사를 통해 자신들이 선택받은 하나님의 사람들임을 깨닫게 한다.[37] 이렇게 창세기의 신학적 메시지는 이스라엘 안에 자리 잡고 있는 이집트문화의 영향으로 형성된 잘못된 신관과 노예적 정체성을, 하나님 중심적 신관과 선민적 정체성으로 바꾸게 하는 중요한 메시지였다.[38] 창세기에 나타난 이런 분명한 신학적 기준이 있으면 창세기의 여러 본문 설교들이 엉뚱한 방향으로 흐르는 것을 막을 수 있다.

지금까지 설교 준비의 첫 단계로 본문을 묵상하고 연구하는 방법에 대해 알아보았다. 설교자가 기도하면서 본문을 묵상하고 여러 방법으로 연구하면 다양한 통찰과 지식을 얻게 된다. 그러나 이것이 아직 체계적이고 핵심적으로 정리된 것이 아니기 때문에 이 상태에서 설교를 하면 십중팔구 산만한 메시지가 된다. 그렇기 때문에 쌓인 다양한 통찰과 지식을 어떻게 중심 메시지로 만들 것인가에 대한 문제가 제기된다.

2장

핵 심 이 잡 히 다 :
중 심 메 시 지 를 발 견 하 라

"당신이 쉽고 단순하게 설명할 수 없다면, 당신은 그것을 충분히
이해하지 못한 것이다."

_ 아인슈타인(Albert Einstein)

● 청중에게 핵심 없는 설교만큼 힘든 것
도 없다. 좋은 설교는 반드시 중심 메시지가 선명하다. 이번 장에서
는 본문이 이끄는 설교를 위한 두 번째 단계로 중심 메시지를 발견
하는 방법에 대해 알아볼 것이다. 이와 관련된 세부주제는 중심 메
시지 발견을 위한 네 단계와 주해개요 작성법이다.

꿰뚫는 핵심,
중심 메시지(CMT)란 무엇인가

성도들이 설교를 듣고 종종 이런 말을 한다. "우리 목사님은 설교할 때 보면 아시는 것은 많은 것 같고, 또 뭔가 열심히 전달하시려고는 하는데, 도대체 무슨 말인지 모르겠어." 즉 설교의 핵심이 무엇인지 모르겠다는 이야기다. 불분명한 설교에는 여러 가지 이유가 있을 수 있으나, 그중 가장 흔한 이유는 설교에 중심 메시지가 없기 때문이다. 이런 문제를 피하기 원한다면 본문을 연구한 후 본문의 핵심, 중심 메시지를 찾아야 한다. 그 후 그것을 바탕으로 주해개요와 설교개요를 만들면 중심이 살아있는 일관적 메시지가 나온다. 다시 한 번 강조한다. 본문을 연구하고도 중심 메시지를 찾지 못하면 다음 단계로 넘어가지 말라. 이것 없이 다음 과정으로 가면 설교의 중심이 없어 흐트러지고 산만한 메시지가 된다.

모든 본문에는 그것이 말하고자 하는 중심 메시지(CMT: Central Message of the Text)가 있다. 본문의 중심 메시지는 지금까지 설교학에서 여러 용어로 불려왔다. 미국 초기 설교학의 중요 인물인 브로더스(John A. Broadus)는 중심 메시지를 '중심 아이디어'(central idea)라고 불렀다.[39] 신설교학과 현대 설교학에 중요한 영향을 미친 데이비스(H. Grady Davis)는 본문의 여러 부분을 전체적으로 잡아주고 하나로 만든다는 의미로 이것을 '통일성'(unity)이라 칭했다.[40] 한편 20세기 말 영국의 대표적 강해설교자 존 스토트는 '본문의 주도적 사상'(text's dominant thought)이라는 용어를 썼다.[41] 중심 메시지에 대한 강조와 그것을 찾는 실제적 방법을 제시한 인물로 잘 알려진 로빈슨은 이것을 본문의 여러 요소를 아우른다는 의미에서 '빅 아이디어'(big idea)라고 부르고 주해 아이디어(exegetical idea)와 연결했다.[42]

어떤 용어를 사용하든 중심 메시지는 본문이 말하고자 하는 핵심 메시지로서, 본문의 모든 부분을 연결하고 통일해주는 기능을 한다. 브로더스가 사용한 '중심 아이디어'나 로빈슨의 '빅 아이디어'는 영어권의 사람들이 사용하기에 의미와 어감에 아무 문제가 없다. 그러나 한국에서 '아이디어'라는 말은 사람에 의해 만들어진 창의적 생각이라는 함의가 강하기 때문에 말씀의 의미를 찾는 용어로 사용하기에 적합지 않은 측면이 있다. 이런 이유 때문에 나는 본문을 기록한 저자가 알려주려는 핵심적 내용을 찾는다는 의미에서 '중심 메시지'라는 용어를 쓰고자 한다.

설교자가 본문의 중심 메시지를 찾는 것은 설교의 실제적인 첫 방향을 설정하는 것이므로 매우 중요하다. 루터는 설교자가 본문의 중심을 반드시 발견해야 한다고 강조했다. 설교자가 발견한 중심 메시지는 본문의 온갖 세부사항에 빠져 길을 잃어버리는 것을 막아주고, 후에 설교에서 핵심적으로 무엇을 말해야 할지 중심을 잡아주기 때문이다.[43]

한편, 바인(Jerry Vines)은 본문의 중심 메시지가 중요한 이유를 네 가지로 요약했다.[44] 첫째, 중심 메시지는 설교의 핵심과 방향을 안내하는 좋은 구조적 기반이 된다. 이것을 바탕으로 설교의 기초적 틀이 마련되고, 후에 발전되어 완성된 설교 형태가 나온다. 둘째, 본문을 잘 이해하고 조리 있게 전달할 수 있는 지적 조직력(mental organization)을 갖게 한다. 중심 메시지는 본문을 이해할 수 있는 관점이 되기 때문에 그것을 통해 본문을 깊이 있게 볼 수 있다. 또한 체계적인 이해가 가능하기 때문에 명료하게 전달할 수 있는 길도 열어준다. 셋째, 설교에 불필요한 자료는 빼고, 필요한 것은 포함시킬 수 있는 기준을 제시해 계획된 설교작업이 가능하도록 해준다. 즉 분명한 기준이 섰기 때문에 그에 따른 자료선택이 쉽다. 필요한 자료는 더 확보하고, 불필요한 것은 과감히 던져버릴 수 있는 자료선택의 결단력을 주는 것이다. 넷째, 중심 메시지에서 시작되고 체계적으로 발전된 설교는 청중이 숙성된 메시지를 듣고 적용까지 자연스럽게 받아들이도록 한다. 중심 메시지가 분명해야 분명한 적용이 가능한 것이다. 중심 메시지는 본문의 이해가 적용에 이를 때까지 한 흐름으로 가게 만들어준다.

> **📖 확 인 하 기**
>
> 중심 메시지(CMT)를 발견하는 것이 중요하다. 설교자가 발견한 중심 메시지는 본문의 온갖 세부사항에 빠져 길을 잃어버리는 것을 막아주고, 후에 설교에서 핵심적으로 무엇을 말해야 할지 중심을 잡아주기 때문이다.

중심 메시지 발견을 위한 이론

1. 한 문장의 중요성

그렇다면 본문의 중심 메시지를 어떻게 발견할까? 먼저 앞에서 살펴본 방법을 통해 본문을 충실하게 연구하라. 그런 후에 본문이 무엇을 말하고 있는지 짧은 한 문장으로 쓰라. 너무 길지 않게 하라. 짧으면서도 명확하게 한 문장으로 쓰는 것이 중요하다. 이때 주어를 생략하고 단어나 어구만 쓰지 않도록 주의하라. 주어와 동사를 분명하게 나타내는 것이 중요하다. 이와 관련해 맥아더(John MacArthur)의 이야기를 들어보자.

> [중심 메시지는] … 본문이 가리키는 '중심 아이디어'를 말한다. 늘 그런 것은 아니지만 중심 진리는 비유나 이야기 본문에서 보듯 종종 본문의 주동사와 연관되어 있다. 나는 본문을 읽으면서 '이 본문의 주된 메시지는 무엇인가? 중심 진리는 무엇인가? 중심 강해주제는 무엇인가?'라고 묻는다. 일단 그것을 발견하면, 나는 그것을 완전한 문장으로 적는다. 본문의 중심사상이 내 생각 속에서 명확해지는 것이 매우 중요하기 때문이다. … 세심하게 잘 생각해서 명확하게 기술하는 것이 매우 중요하다.[45]

맥아더는 앞에서 살펴본 것처럼 중심 아이디어를 발견할 때 본문의 주동사를 파악하고 그것을 활용해서 문장을 만든다. 이때 문장은 주어와 동사를 갖춘 완전한 문장이 되도록 한다. 캘빈 밀러 또한 설교자가 중심 메시지를 찾기 위해 본문을 연구한 후 전체 내용을 관통하는 핵심주제(thesis)를 25글자 내의 짧은 문장으로 삭성할 것을 권한다.[46] 심지어 조웨트(Henry Jowett)는 설교자가 본문의 중심 메시지를 발견하고 짧은 문장으로 그것을 표현하지 못하면 계속해서 설교를 준비하거나 글을 쓸 수 없다고까지 말한다. 그의 말을 들어보자.

> 나는 우리 자신이 전할 설교의 주제를 짧고 함축적이면서도 수정같이 명료한 문장으로 표현할 수 있을 때까지는 결코 우리가 설

교를 하거나 글을 쓸 준비가 되어 있지 않다고 생각한다. 연구과정을 통해 나는 그런 문장을 찾는 것이 몹시 힘든 일이지만 동시에 흥분되고 무엇보다 성과가 많은 수고임을 알게 되었다. … 이것이야말로 설교를 설교로 만드는 가장 중요하고도 본질적인 요소다. 구름 한 점 없는 달과 같이 깨끗하고 선명한 문장이 떠오르지 않는 한, 나는 어떤 메시지를 설교하거나 글로 쓸 생각을 결코하지 않는다.[47]

조웨트의 말이 좀 강하게 들리기는 하지만 본문의 중심 메시지가 담긴 짧은 문장을 만드는 것이 설교 준비에서 얼마나 중요한지 잘 보여주고 있다. 문제는 이렇게 중심 메시지를 한 문장으로 만드는 것이 생각보다 쉽지 않다는 것이다. 어떻게 하면 중심 메시지를 발견하고 그것을 짧고 명쾌한 문장으로 만들 수 있을까?

> ### 💡 깨 달 음 과 통 찰
> "나는 우리 자신이 전할 설교의 주제를 짧고 함축적이면서도 수정같이 명료한 문장으로 표현할 수 있을 때까지는 결코 우리가 설교를 하거나 글을 쓸 준비가 되어 있지 않다고 생각한다."
>
> – 헨리 조웨트

2. 질문과 답의 중요성

한국 설교자들에게는 좀 어렵게 들릴 수 있으나 먼저 로빈슨의 방법론을 잘 살펴볼 필요가 있다. 그는 주제(subject)와 주제보충(complement)이라는 방법을 활용해 빅 아이디어, 즉 중심 메시지를 찾을 것을 제안했다.[48] 그가 사용하는 용어와 방법론이 영어권에서는 효율적인데, 어감과 개념 전달의 어려움 때문에 한국의 설교자들이 사용하기에는 쉽지 않다. 그가 사용하는 '주제'라는 용어는 '본문이 무엇을 말하고 있는가'에 관한 질문이다. 주제보충은 그 질문에 대한 대답 혹은 대답들이다. 로빈슨에 따르면 이 두 개를 합쳐 문장을 만들면 중심 메시지를 얻을 수 있다. 그가 제시하는 예를 살펴보자. 로빈슨은 먼저 일반적인 예를 들었다. 다음 문장을 읽어보라.

　　좋은 설교는 당신에게 '설교자가 나에 대해 어떻게 그리 잘 알고 있지?'라는 놀라움을 주는 것이다.

　여기서 주제, 즉 이 문장이 말하고 있는 것을 질문으로 만들어보면 '좋은 설교가 무엇인지 어떻게 알 수 있는가'가 된다. 이 질문에 대한 답, 즉 주제보충은 무엇인가? '메시지를 듣고 있는 당신이 누구인지 드러나게 한다'이다. 이 두 개를 합치면 다음과 같은 중심 메시지가 발견된다. '좋은 설교는 메시지를 듣고 있는 당신이 누구인지 드러나게 한다.' 이제 그가 제시하는 성경본문으로 중심 메시지 찾는 법을 다시 한 번 살펴보자.

　　여호와께서 이르시되 너희는 여러 나라를 보고 또 보고 놀라고 또 놀랄지어다 너희의 생전에 내가 한 가지 일을 행할 것이라 누가 너희에게 말할지라도 너희가 믿지 아니하리라 보라 내가 사납고 성급한 백성 곧 땅이 넓은 곳으로 다니며 자기의 소유가 아닌 거처들을 점령하는 갈대아 사람을 일으켰나니 그들은 두렵고 무서우며 당당함과 위엄이 자기들에게서 나오며 그들의 군마는 표범보다 빠르고 저녁 이리보다 사나우며 그들의 마병은 먼 곳에서부터 빨리 달려오는 마병이라 마치 먹이를 움키려 하는 독수리의

날음과 같으니라(합 1:5-8)

주어진 본문의 주제, 즉 본문이 말하고 있는 것을 질문으로 만들면 어떻게 되는가? '어떻게 하나님께서 유다백성을 심판하실 것인가'라는 질문이 만들어진다. 이 질문에 대한 답, 주제보충은 무엇인가? '하나님께서 악한 갈대아(바벨론) 사람들을 통해 그의 백성을 벌할 것이다'이다. 이 주제와 주제보충을 합치면 '하나님은 악한 바벨론 사람들을 통해 그의 백성을 심판하실 것이다'라는 중심 메시지가 나오게 된다.

네 번의 노력,
중심 메시지 발견을 위한 네 단계

로빈슨의 방법론은 효과적이기는 하나, 한국 설교자들에게 좀 어렵게 느껴질 수 있다. 그래서 나는 다음과 같은 네 단계를 통해 중심 메시지를 파악할 것을 제안한다. 1) 먼저 본문이 무엇을 말하고 있는지 한 문장으로 주제문을 쓰라. 완전한 문장으로 쓰면 좋다. 그러나 몇 가지 단어를 사용한 구(phrase)로 작성해도 된다. 2) 그 후 로빈슨의 방법론처럼 그것을 질문으로 만들라. 이때 '네/아니오' 질문이 아닌 주로 '왜/어떻게' 질문을 사용하라. 3) 그 후 질문의 답을 찾으라. 4) 마지막으로 그것을 합쳐 한 문장으로 만들면 된다. 정리해 보면 다음과 같다.

1) 본문의 주제문 작성하기: 본문이 무엇을 말하고 있는지 주제문(문장 혹은 구)을 쓰라.

2) 주제질문 만들기: 그 주제문을 질문으로 만들라('왜/어떻게' 질문).

3) 주제질문에 답하기: 위의 주제질문에 대한 답을 쓰라.

4) 중심 메시지 문장 만들기: 주제질문과 그에 대한 답을 합쳐 한 문장으로 만들라.

> **🔍 확 인 하 기**
>
> 중심 메시지 발견을 위한 네 단계-SQAS
> 1) 본문의 주제문 작성하기(Subject)
> 2) 주제질문 만들기(Question)
> 3) 주제질문에 답하기(Answer)
> 4) 중심 메시지 문장 만들기(Sentence)

중심 메시지를 찾기 위한 네 단계를 살펴보았다. 좀 복잡해 보이지만 조금만 훈련되면 쉽게 중심 메시지를 찾을 수 있다. 명료한 이해를 위해 에베소서 6장 1-4절을 통해 위의 네 단계를 연습해 보자.

자녀들아 주 안에서 너희 부모에게 순종하라 이것이 옳으니라 네 아버지와 어머니를 공경하라 이것은 약속이 있는 첫 계명이니 이로써 네가 잘되고 땅에서 장수하리라 또 아비들아 너희 자녀를 노엽게 하지 말고 오직 주의 교훈과 훈계로 양육하라

먼저 본문이 무엇을 말하고 있는지 주제문을 쓰라. 학생이나 목회자를 대상으로 실습을 시켜보면 전체를 담아내는 주제문을 쓰지 못하고 부분을 전체로 생각해, 흔히 다음과 같이 부분이 담긴 주제문을 쓰는 것을 볼 수 있다.

1) 부모에 대한 순종

2) 주 안에서의 순종

3) 자녀를 노엽게 하지 말기

4) 교훈과 훈계를 통한 양육

　첫 번째부터 세 번째까지의 답은 모두 부분을 나타내는 것이기 때문에 전체를 담아내는 본문의 주제문이 될 수 없다. 두 번째를 답으로 생각하는 사람은 대개 '주 안에서'가 중요하다는 자신의 전제에서 이것을 전체 주제로 생각하는 것이다. 에베소서 6장 1-4의 내용은 성경이 말하고 있는 바람직한 부모와 자녀의 관계에 관한 것이다. 그래서 본문의 주제문은 '성경이 말하는 부모와 자녀의 올바른 관계'가 되어야 한다.

　이제 한 문장으로 주제문을 썼다. 그 후에 두 번째 단계로 이 주제문을 의문문으로 바꾸어야 한다. 그러면 '성경이 말하는 올바른 부모와 자녀의 관계는 무엇인가'라는 주제질문이 나온다. 다음 세 번째 단계로 주제질문에 대한 답을 찾으라. 답을 찾기 위해 본문의 주동사가 무엇인지 찾아보는 것이 중요하다. 우선 에베소서 6장 1-4절의 간단한 문장 분석표를 만들어 주동사가 무엇인지 확인해보자. 아래를 보면 본문의 주동사는 명령법으로 나타나는데, 쉽게 확인하도록 밑줄로 표시해두었다. 그 밑의 것들은 주동사에 딸린 수식어구나 절이다.

1절 자녀들아 … 순종하라(obey, ὑπακούετε)

　　　　　　　주 안에서, 너희 부모에게

　　　　　　　이것이 옳으니라

2절　　　　 … 공경하라(honor, τίμα)

　　　　　　　네 아버지와 어머니를,

　　　　　　　이것은 약속이 있는 첫 계명이니

3절　　　　　　　　 이로써 네가 잘되고 땅에서 장수하리라

4절 또 아비들아

　　　　너희 자녀를

　　　… 노엽게 하지 말고(do not provoke to anger, μὴ

　　　παοργίζετε)

　　　… 양육하라(bring up, ἐκτρέφετε)

　　　　　　　오직 주의 교훈과 훈계로

　　여러 수식어구와 절을 빼고 주동사를 중심으로 보면 답이 분명해
진다. 자녀는 부모에게 순종하고 그들을 공경해야 한다. 아비들로
대표되고 있는 부모는 자녀를 노엽게 하지 말고 양육해야 한다. 이
제 마지막 네 번째 단계로 주제질문과 그에 대한 답을 합쳐 중심 메
시지를 한 문장으로 만들면 된다. 지금까지 거친 네 단계를 요약하
면 다음과 같다.

1) 본문의 주제문 작성

　　성경이 말하는 올바른 부모와 자녀의 관계

2) 주제질문 만들기

성경이 말하는 올바른 부모와 자녀의 관계는 무엇인가?

3) 주제질문에 답하기

자녀는 부모에게 순종하고 그들을 공경하라.

부모는 자녀를 노엽게 하지 말고, 양육하라.

4) 중심 메시지 문장 만들기

성경적인 부모와 자녀 관계는, 자녀는 부모에게 순종하고 그들을 공경하며, 부모는 자녀를 노엽게 하지 말고 양육하는 것이다.

중심 메시지를 찾는 네 단계에 익숙해지면 짧은 시간에 중심 메시지를 정확하게 찾을 수 있다. 또한 다음 장에서 살펴보겠지만 주제질문과 그에 대한 답들을 발전시켜 주해개요를 만들 수 있다. 중심 메시지에서 가장 기본적인 뼈대를 잡고, 점점 살을 붙여가면서 설교를 완성해가면 되는 것이다. 중심 메시지가 이렇게 중요한 역할을 하기 때문에 반드시 그것을 찾는 방법을 숙지해야 한다. 이번에는 출애굽기 13장 17-22절을 가지고 한 번 더 중심 메시지를 찾는 네 단계를 연습해보자.

바로가 백성을 보낸 후에 블레셋 사람의 땅의 길은 가까울지라도 하나님이 그들을 그 길로 인도하지 아니하셨으니 이는 하나님이 말씀하시기를 이 백성이 전쟁을 하게 되면 마음을 돌이켜 애굽으로 돌아갈까 하셨음이라 그러므로 하나님이 홍해의 광야 길로 돌려 백성을 인도하시매 이스라엘 자손이 애굽 땅에서 대열을 지어 나올 때에 모세가 요셉의 유골을 가졌으니 이는 요셉이 이스라엘 자손으로 단단히 맹세하게 하여 이르기를 하나님이 반드시 너희를 찾아오시리니 너희는 내 유골을 여기서 가지고 나가라 하였음이더라 그들이 숙곳을 떠나서 광야 끝 에담에 장막을 치니 여호와께서 그들 앞에서 가시며 낮에는 구름 기둥으로 그들의 길을 인도하시고 밤에는 불 기둥을 그들에게 비추사 낮이나 밤이나 진행하게 하시니 낮에는 구름 기둥, 밤에는 불 기둥이 백성 앞에서 떠나지 아니하니라

이번 본문은 구약의 내러티브이기 때문에 전체 이야기가 무엇을 말하고 있는지 생각하면서 답을 찾아야 한다. 본문이 어떤 내용을 말하고 있는지 잘 생각해보라. 너무 넓게 혹은 좁게 생각하지 말고 그 본문이 정확히 무엇을 말하고 있는지 써보라. 이번에도 실습을 시키면 가장 많이 나오는 틀린 주제문을 먼저 살펴보자. 왜 이것들이 전체 내용의 주제문으로 부적합한지 생각해보라.

1) 인도하시는 하나님
2) 불 기둥과 구름 기둥
3) 요셉의 유골을 들고 행하는 이스라엘

첫 번째 '인도하시는 하나님'은 두 가지 문제점이 있기 때문에 주제문으로 적합하지 않다. 먼저 구체적이지 않다. 본문에 나온 구체적 사항들이 전혀 들어가 있지 않다. 즉 구체적으로 어디로, 왜 인도하셨는지 나타나지 않았다. 동시에 부분적 내용을 담고 있다. 후반부에서 인도하시는 하나님이 나오지만, 본문의 전반부를 보면 하나

님은 이스라엘을 지름길인 블레셋 사람의 땅의 길이 아닌 광야 길로 돌아가게 하신다. 두 번째, '불 기둥과 구름 기둥'은 본문에 나타난 중요한 요소임에 틀림없다. 구체적이기도 하다. 또한 많은 성경의 표제들이 이것을 본문의 주제로 잡았다. 틀린 것은 아니다. 그렇지만 역시 이것도 본문의 부분주제인 '인도하시는 하나님'에 대한 요소만 나타내고 있다. 주요주제인 '광야의 길로 가게 하시는 하나님'과 그 이유는 나타나지 않는다. 마지막으로 세 번째 것도 부분을 나타낸 문장이다. 물론 요셉의 유골을 취해 가는 이스라엘을 통해 하나님께서 죽음 후에도 약속을 이루신다는 것을 나타내지만 본문의 주요주제를 담고 있지는 않다. 역시 본문의 부분을 나타내는 것이다.

더럼(John I. Durham)이나 스튜어트(Douglas K. Stuart) 같은 학자에 따르면 본문의 내용은 이스라엘의 출애굽 여정에 관한 것이다.[49] 그렇다면 중심주제를 찾기 위해 이스라엘이 갔던 길에 대해 생각해보아야 한다. 어떻게 본문의 주제문을 잡을 수 있을까? 적절한 주제문은 '하나님께서 이스라엘 백성을 지름길인 블레셋 사람의 땅의 길로 인도하지 않으시고 홍해의 광야 길로 가게 하셨다'이다. 이제 이것을 주제질문으로 바꾸고 답을 찾으라. 왜 하나님은 지름길이 아닌 광야로 이스라엘 백성을 돌아가게 하셨는가? 본문의 첫 부분에 나오는 것처럼 '백성이 전쟁을 하게 되면 마음을 돌이켜 애굽으로 갈 것이기 때문'이다. 주제질문에 대한 답이 나왔다. 이제 두 개를 합쳐 중심 메시지 문장을 만들면 '하나님은 이스라엘 백성이 전쟁을 두려워해 애굽으로 돌아갈 것을 아시고 지름길인 블레셋 길이 아닌 홍해의 광야 길로 가게 하셨다'가 된다. 지금까지의 과정을 요약해보자.

1) 본문의 주제문 작성

하나님은 이스라엘 백성을 지름길인 블레셋 사람의 땅의 길로 인도하지 않으시고 홍해의 광야 길로 인도하셨다.

2) 주제질문 만들기

하나님께서 왜 이스라엘 백성을 지름길인 블레셋 사람의 땅의 길로 인도하지 않으시고 홍해의 광야 길로 가게 하셨는가?

3) 주제질문에 답하기

백성이 전쟁을 하게 되면 마음을 돌이켜 애굽으로 갈 것이기 때문이다.

4) 중심 메시지 문장 만들기

하나님은 이스라엘 백성이 전쟁을 두려워해 애굽으로 돌아갈 것을 아시고 지름길인 블레셋 사람의 땅의 길이 아닌 홍해의 광야 길로 인도하셨다.

지금까지 본문의 중심 메시지를 어떻게 찾는지 살펴보았다. 앞에서 살펴본 것처럼 많은 설교학자가 본문의 중심 메시지를 짧은 한 문장으로 만들라고 조언한다. 그러나 훈련되지 않은 설교자가 중심 메시지를 한 문장으로 만들기란 쉽지 않다. 그렇기 때문에 필요한 단계로 본문의 주제문을 잡고, 주제질문을 만들고, 그에 대한 답을 찾은 후, 질문과 답을 합쳐 중심 메시지를 한 문장으로 만드는 훈련을 해야 한다. 곧 살펴보겠지만 이런 수고를 거쳐 중심 메시지를 발견하면 설교 준

> ### 🔦 깨 달 음 과   통 찰
>
> 중심 메시지를 찾는 네 단계에 익숙해지면 짧은 시간에 중심 메시지를 정확하게 찾을 수 있다. 또한 주제질문과 그에 대한 답들을 발전시켜 주해개요를 만들 수 있다.

비가 훨씬 수월해지고 동시에 정교해진다. 이제 본문의 의미를 발견하는 마지막 단계로 주해개요를 작성하는 방법에 대해 배워보자.

한눈에 봄,
주해개요(exegetical outline) 작성법

중심 메시지를 발견했으면 이제 그것을 더 세부적으로 발전시켜 주해개요를 만들라. 주해개요는 본문의 주요내용이 어떻게 흘러가는지 개요 형태로 정리한 것을 말한다. 채플은 주해개요의 작성이 설교자에게 본문의 생각이 어떻게 자연스럽게 흘러가는지 시각화해주고, 동시에 그것이 어떻게 점차적으로 발전되어 가는지 확인시켜주기 때문에, 설교준비 과정에서 매우 중요한 위치를 차지한다고 강조한다.[50] 중심 메시지를 발견하기 위해 본문을 충분히 연구했다면 주해개요를 작성하는 것은 별로 어렵지 않을 것이다. 에베소서 6장 1-4절을 가지고 어떻게 주해개요를 만드는지 살펴보자. 앞 장에서 이 본문을 가지고 주제질문과 답을 활용해 어떻게 중심 메시지를 만드는지 살펴보았다. 잠시 지난 과정을 다시 요약해보자.

주제질문과 답

Q: 성경이 말하는 올바른 부모와 자녀의 관계는 무엇인가?

A: 자녀는 부모에게 순종하고 그들을 공경해야 한다.

A: 부모는 자녀를 노엽게 하지 말고, 양육해야 한다.

중심 메시지

성경적인 부모와 자녀 관계는, 자녀는 부모에게 순종하고 그들을 공경하며, 부모는 자녀를 노엽게 하지 말고 양육하는 것이다.

이제 중심 메시지가 본문의 어떤 주요구조를 통해 전해지고 있는지 주해개요를 작성하라. 당연히 주동사를 기반으로 만들어진 주제질문에 대한 답이 주해개요에 포함될 것이다. 아래 예에서 주제질문에 대한 답이 밑줄로 표시되어 주해개요에 뼈대로 들어가 있는 것을 확인해보라. 주해개요를 작성할 때 기억해야 할 점이 있다. 주동사는 아니지만 중심 메시지를 보충하고 있는 각종 수식어구와 절들도 주해개요에 포함시켜 본문의 내용이 자연스럽게 흘러가도록 만들어주어야 한다는 것이다. 이제 실례로 아래 에베소서 6장 1-4절의 주해개요를 살펴보자.

주해개요

1. 자녀들이 부모에게 해야 할 것(1-2a절)
   1) 주 안에서 부모에게 순종해야 한다(1절)
   2) 부모를 공경해야 한다(2a절)
2. 그렇게 해야 하는 이유(2b-3절)
   1) 첫 계명이기 때문이다(2b절)
   2) 그 계명에는 잘되고 장수할 것이라는 약속이 있다(3절)
3. 부모들이 자녀에게 해야 할 것(4절)
   1) 노엽게 하지 말라
   2) 주의 교훈과 훈계로 양육하라

위에서 주해개요의 두 번째 부분 '그렇게 해야 하는 이유'는 본문의 주동사가 아니었기 때문에 주제질문과 답에서는 나타나지 않았다. 그렇지만 중심 메시지를 강화하는 내용으로 본문에 자리 잡고 있기 때문에 주해개요에 포함시켜야 한다. 이렇게 주해개요를 작성하고 나면 중심주제가 어떤 구조를 통해 흘러가고 있는지 쉽고 분명하게 확인할 수 있다.

이번에는 앞에서 살펴본 구약의 내러티브 본문을 가지고 주해개요를 만들어보자. 내러티브의 경우 이야기의 장면을 따라 주해개요를 작성하면 쉽다. 먼저 중심 메시지를 발견한 과정을 다시 한 번 살펴보자.

주제질문과 답

Q: 하나님께서 왜 이스라엘 백성을 지름길인 블레셋 사람의 땅의 길로 인도하지 않으시고 광야 길로 가게 하셨는가?

A: 이스라엘 백성이 전쟁을 하게 되면 마음을 돌이켜 애굽으로 갈 것이기 때문이다.

중심 메시지

하나님은 이스라엘 백성이 전쟁을 두려워해 애굽으로 돌아갈 것을 아시고 지름길인 블레셋 사람의 길이 아닌 홍해의 광야 길로 인도하셨다.

이제 이것을 가지고 주해개요를 만들면 된다. 역시 주제질문에 대한 답이 주해개요에 포함되어야 함을 잊지 말라. 그리고 그 중심주제가 어떤 장면들을 통해 전개되고 있는지 생각하면서 주해개요를 작성하도록 하라. 이제 실례로 아래 출애굽기 13장 17-22절의 주해 개요를 살펴보자.

주해개요

1. 이스라엘을 블레셋 길이 아닌 광야의 길로 인도하시는 하나님 (17-18절)
   1) 지름길인 블레셋 사람의 땅의 길로 인도하지 않으심(17a절)
   2) 전쟁을 두려워해 애굽으로 돌아갈 것이기 때문(17b절)
   3) 먼 홍해의 광야 길로 돌아가게 하심(18절)
2. 요셉의 유골을 가지고 행진함(19절)
3. 숙곳을 떠나 에담에 장막을 침(20절)
4. 구름 기둥과 불 기둥이 인도함(21-22절)

위에서 작성된 예를 보면 밑줄로 표시된 중심 메시지가 주해개요에 들어와 있는 것을 확인할 수 있다. 전쟁의 두려움에 빠지지 않게 지름길을 두고 광야의 길로 인도함받는 이스라엘을 주요 메시지로 담고 있는 본문에 몇 가지 장면이 더 있다. 이것들이 중심 메시지를 강화하는 기능을 하기 때문에 주해개요의 두 번째, 세 번째, 네 번째 부분으로 잡혀있는 것을 볼 수 있다. 내러티브 본문은 서신서같이 논리적 흐름으로 주해개요를 잡는 것이 아니

> **🔍 확 인 하 기**
>
> 주해개요는 설교자에게 본문의 생각이 어떻게 자연스럽게 흘러가는지 시각화해 주고, 동시에 그것이 어떻게 점차적으로 발전되어 가는지 확인시켜 주기 때문에, 설교준비 과정에서 매우 중요한 역할을 한다.

라, 이야기의 장면 혹은 플롯(plot)의 진행을 따라 작성하면 된다.

주해개요와
주요 이슈

주해개요를 작성하면 설교자는 설교 준비를 위한 주해 단계를 마친 것이다. 이제 설교자는 다음 단계인 설교 구성 및 작성 단계로 넘어가야 한다. 그 전에 주해개요와 관련된 몇 가지 이슈를 생각해볼 필요가 있다. 여기에 소개된 이슈들은 신학생들과 목회자들의 설교를 관찰하고 그들과 대화한 결과 발견한 것들이다.

1. 본문 이탈 현상

앞에서 한국 교회 설교 강단의 문제 중 하나가 본문 이탈 현상이라고 했다. 본문 이탈 현상을 쉽게 말하면 성경본문에 없는 내용을 설교자가 주관적으로 말하는 것이다. 왜 이런 현상이 일어나는가? 가장 명백한 이유는 설교자가 본문이 말하는 바를 듣지 않고 자신이 생각하는 바를 이야기하기 때문이다. 많은 목회자가 여러 가지 이유를 대면서 본문을 묵상하고 연구할 시간을 갖지 않는다. 설교학적으로 말하면 주해 단계를 충실히 거치지 않거나, 형식적 혹은 피상적으로 거치는 것이다. 본문을 여러 번 읽고, 중심 메시지를 찾고, 그것을 발전시켜 주해개요를 만들어야 한다. 이런 과정은 분명 시간이 들지만 설교자로 하여금 본문이 무엇을 말하고 있는지 듣게 한다. 주해개요가 작성되어야 이것을 바탕으로 청중과 목회 상황을 고려해 설교개요를 만들 수 있다. 이렇게 만들어진 설교개요에서 메시지가 나올 때 본문의 의미와 목회 현장의 필요가 조화롭게 녹아든 설교가 비로소 탄생된다. 그러나 안타깝게도 너무 많은 설교자가 너무 빨리 청중과 목회 현장만 생각한다. 그래서 본문을 깊이 들여다보지 않는다. 필요하면 본문을 뒤틀어 자신의 메시지에 그것을 끼워 맞춘다. 결과는 본문 이탈 현상이다. 본문에 없는 자기 생각, 경험, 주장을 내세운다. 이런 것은 설교라고 보기 어렵다. 본문 이탈 현상을 피하기 위해 설교자는 반드시 본문을 묵상하고 연구한 후 주해개요까지 충실히 작성하는 것이 필요하다.

2. 주해개요와 설교개요의 혼동

많은 신학생과 목회자가 주해개요와 설교개요를 혼동하는 경향이 있다. 주해개요는 본문이 말하는 바를 간략하게 정리한 것이다. 즉 본문의 중심주제가 어떤 구조로 전해지고 있는지 개요로 정리한 것이다. 주해개요에는 설교자의 청중 및 사역 상황 등 오늘날과 관련된 것들이 들어 있지 않다. 본문만을 다루고 있기 때문이다. 설교개요는 본문의 내용을 가지고 청중과 이 시대의 상황을 고려해 메시지를 어떻게 효과적으로 전달할 것인지를 구성한 것이다. 즉 본문에 근거해 메시지를 어떻게 전달할 것인지 개요로 작성한 것이다. 그래서 여기에는 청중과 상황 및 설교 전달에 관련된 요소들이 반영된다. 설교자는 주해개요를 작성해야 본문이 무엇을 말하고 있는지 알게 된다. 그것을 바탕으로 오늘날의 청중과 여러 상황을 고려하면서 연관성과 적용을 더하면 설교개요가 되는 것이다. 후에 살펴보겠지만 이 설교개요에 추가 내용을 넣고, 개요의 내용들을 문장으로 작

성하면 한 편의 설교원고가 된다. 아래의 다이어그램을 통해 위의
내용을 정리해보자.

· 주해개요가 설교로 발전하는 과정 ·

주해개요
본문 의미

➡

설교개요
주해개요
+
본문 풀이 방식
연관, 적용

➡

설교원고
설교개요
+
추가 내용
설교 문장들

주해개요와 설교개요의 차이를 분명하게 알면 설교 준비가 훨씬
쉬워진다. 주해개요를 작성하면서 일단 본문을 연구해 중심 메시지
와 그것이 전해지는 구조만 파악하라. 주해개요를 작성하면서 성급
하게 청중과 상황을 어떻게 연결할 것인지 고민할 필요는 없다. 그
것은 다음 단계에서 하면 되는 것이다. 일단 지금은 본문을 바탕으
로 정확한 주해개요를 작성하는 것에 집중하라.

3. 주해개요에 설교가 고정된다는 오해

주해개요를 작성하면 꼭 그 내용 그대로 설교해야 하는가? 그래
서 한 본문의 주해개요를 작성하면 그 본문을 다시 설교할 때 설교
의 내용이 바뀌지 않고 동일한 메시지가 나올 수밖에 없는가? 그렇
지 않다. 앞으로 살펴보겠지만 주해개요를 설교개요로 바꾸는 과
정 중에 청중을 생각하면서 다양한 연관방식을 사용하기 때문에 매
번 다른 메시지가 된다. 청중뿐 아니라 목회 및 사회 상황도 달라지

기 때문에 그에 따라 적용점이 다른 메시지가 된다. 그뿐 아니라 설교자가 설교개요를 작성할 때 주해개요에서 자신이 강조할 부분을 때에 따라 다르게 결정할 수 있기 때문에 같은 본문을 설교해도 메시지가 달라진다. 간단한 예를 들어 생각해보자. 출애굽기 13장 17-22절을 매년 설교한다 해도 매번 설교의 메시지는 달라질 수 있다. 똑같은 주해개요지만 강조하는 부분이 아래처럼 달라질 수 있기 때문이다.

출애굽기 13장 17-22절의 주해개요

1. 이스라엘을 블레셋 지름길이 아닌 광야의 길로 인도하시는 하나님(17-18절)
2. 요셉의 유골을 가지고 행진함(19절)
3. 숙곳을 떠나 에담에 장막을 침(20절)
4. 구름 기둥과 불 기둥이 인도함(21-22절)

주해개요의 강조점에 따른 설교 변화

〈첫해〉 1을 강조한 메시지로 2-4는 짧게 다룸

하나님은 우리가 영적으로 싸울 준비가 되어 있지 않을 때 쉬운 지름길이 아닌 훈련으로 가득 찬 광야를 걷게 하신다. 그래서 힘들어도 그 길을 받아들이고 훈련받아야 한다.

〈둘째 해〉 1과 2를 강조한 메시지

요셉의 유골은 언약에 기초한 약속을 반드시 이루시는 하나님을 상징적으로 나타낸다. 우리가 훈련의 고된 길을 갈지라도 반드시 이루어질 하나님의 약속을 믿고 그분을 따라야 한다.

〈셋째 해〉 1과 3, 4를 강조한 메시지

우리가 영적으로 싸울 준비가 되어 있지 않아 훈련의 길을 갈 때 하나님은 그것을 감당할 수 있도록 도우신다. 적절한 때 멈추어 쉬게 하시고 구름 기둥, 불 기둥 같은 보호하심으로 우리를 친히 인도하신다.

지면 관계상 주해개요의 강조점이 달라짐에 따라 메시지가 달라지는 예를 세 가지만 들었다. 이렇게 설교자가 설교개요를 작성할 때 주해개요의 강조 부분을 달리하면 다양한 메시지를 만들어낼 수 있다. 또한 이미 언급한 것처럼 강조점 외에 청중과 상황에 따라 설교자가 연관방식과 적용점을 다양화하기 때문에 같은 본문을 설교해도 매번 다른 메시지를 전할 수 있다. 설교자가 본문에 충실한 주해개요를 작성해두면 설교 준비의 반은 끝난 것이다. 이제 본격적으로 설교를 구성하고 작성하는 단계로 들어가보자.

3장

설 교 가 들 리 다 :
연 관 성 을 놓 으 라

지금까지 우리는 성경본문을 선택한 후 묵상과 연구를 거쳐 중심 메시지(CMT)를 발견했고, 그 중심 메시지를 따라 주해개요도 작성했다. 그렇다면 이제 다음 단계로 설교자는 청중에게 적합한 연관성을 발견하고 그것을 그들에게 놓아야 한다. 미리 강조하고 싶은 것은 본문을 자연스럽게 오늘날로 연관시켜야 후에 적절한 적용점을 찾을 수 있다는 점이다. 기억하자. 자연스러운 연관성이 적절한 적용을 이끈다. 이번 장에서는 본문이 이끄는 설교를 위한 세 번째 단계로 어떻게 연관성을 발견하고 그것을 청중에게 놓는지에 대해 알아볼 것이다.

청중을 붙잡는 힘,
연관성이란 무엇인가

연관성은 본문과 청중 간의 의미 연결 통로다. 설교에서 성경본문의 의미가 연관성을 통해 청중에게 전해진다. 설교자가 본문의 의미를 아무리 잘 파악해 전달해도 그것이 어떻게 오늘날의 삶과 연결되는지 제시하지 못하면 설교는 힘을 잃는다. 설교자들이 원어를 사용하고, 본문의 구조까지 치밀하게 분석해 말씀의 의미를 심도 있게 전달하지만, 오히려 청중은 깊은 깨달음이 아닌 깊은 잠에 빠지는 것을 종종 본다. 깊은 본문 연구가 문제였을까? 아니다. 많은 경우 연관성이 부재한 것이 진짜 문제였다. 연관성이 빠진 본문의 의미 전달은 설교라고 보기 어렵다. 설교가 단순히 본문 주해라고 생각하는 사람이 있다면, 두 세계를 연결하는 다리의 비유를 통해 연관성의 중요성을 강조하고 있는 존 스토트의 말을 주의 깊게 들어보라.

> 설교는 단지 강해(exposition)가 아니라 소통과 커뮤니케이션(communication)이며, 단순한 본문의 주해(exegesis)가 아니라 말씀을 들어야 할 살아있는 사람들에게 하나님께서 주신 메시지를 전달하는 것이다.[51]

스토트의 말처럼 설교는 본문의 의미를 넘어 오늘날을 살아가는 사람들에게 말씀의 의미를 전달하는 것이다. 성경본문의 의미를 깊이 있게 연구해 제시하고 있는 주석들은 이미 차고 넘쳐난다. 그러나 본문에 나타난 그 의미가 어떻게 청중의 삶과 연관되는지를 보여주는 것은 쉽지 않다. 그렇기 때문에 본문과 관련된 적절한 연관성을 발견하고 그것을 청중의 삶과 연결하는 것은 설교자가 반드시 해야 할 임무다. 에이킨(Daniel Akin)은 이 점을 다음과 같이 강조했다. "성경은 지금도 그리고 영원토록 계시된 영원한 진리다. 그러나 성경의 연관성을 명확하게 펼쳐 보이는 것은 바로 설교자의 책임이다."[52]

그렇다면 설교에서 연관성은 정확히 무엇을 의미하는가? 윌하이트(Keith Willhite)는 연관성을 설교자가 선택한 본문의 내용과 청중의 삶 사이를 이어주는 커뮤니케이션 연결고리(communicative link)로 정의했다.[53] 그에 따르면, 연관성은 설교를 듣는 사람들에게 성경의 진리가 현시대에도 어떻게 시의적절함과 적용가능성을 갖는지 보여주기 위해 꼭 필요하다.[54]

> ### ☀️ 깨 달 음 과 통 찰
>
> 연관성은 본문과 청중 간의 의미 연결 통로다. 설교에서 성경본문의 의미가 연관성을 통해 청중에게 전해진다. 설교자가 본문의 의미를 아무리 잘 파악해 전달해도 그것이 어떻게 오늘날의 삶과 연결되는지 제시하지 못하면 설교는 힘을 잃는다.

연관성, 이미 성경에 있는 요소

연관성에 대해 본격적으로 알아보기 전에 짚어두어야 할 것이 있다. 설교자가 연관성을 찾기 위해 노력하는 것은 결코 세속적 커뮤니케이션 기법을 도입하려는 것이 아니라는 점이다. 또한 연관성은 성경본문과 전혀 관계없는 심리적 조작도 아니다. 성경을 오늘의 시대에 맞게 연관시키려는 우리의 노력 이전에, 이미 성경 자체가 모든 시대를 초월한 연관성의 특징을 가지고 있다. 이것이 말씀의 놀라운 신비다.

예를 들어보자. 바울은 하나님의 감동으로 기록된 성경이 "교훈과 책망과 바르게 함과 의로 교육하기에 유익하니"(딤후 3:16)라고 말했다. 여기서 '말씀'은 일차적으로 바울 당시에 사용되었던 '구약성경'이다. 구약 시대에 쓰인 하나님의 말씀이 바울과 디모데 당시의 사람들에게도 여전히 영적으로 연관되는 절대적 신앙교육의 내용이라는 것이다. 바울과 디모데의 시대뿐인가. 구약은 지금 현시대까지도 여전히 우리의 삶과 연관되는 하나님의 말씀으로 남아 있다.

성경 자체가 시대를 초월한 연관성의 특징을 가지고 있을 뿐 아니라, 성경의 인물들도 자신의 메시지를 전달하기 위해 연관성을 사용했다. 한 예를 살펴보자. 바울은 그 당시 수고하는 사역자들이 마땅히 대가를 받아야 한다는 점을 다음과 같이 강조했다. "성경에 일렀으되 곡식을 밟아 떠는 소의 입에 망을 씌우지 말라 하였고 또 일꾼이 그 삯을 받는 것은 마땅하다 하였느니라"(딤전 5:18). 바울은 신명기 25장 4절을 사용해, 일하는 소가 밟아 떠는 곡식의 일부를 먹을 수 있는 것처럼, 하나님의 일을 하는 사역자들이 삯을 받는 것이 마땅하다고 말한 것이다. 여기서 바울이 구약의 말씀을 자신의 시대와 연관시키는 것을 볼 수 있다. 재미있는 것은 바울이 당시의 사역자를 신명기의 소와 연관시킨 점이다. 사역자가 받아야 할 삯을 소가 먹는 곡식과 연관시켰다. 바울은 이 연관을 통해 주인을 위해 일하는 소가 밟아 떠는 곡식을 먹을 수 있는 것처럼, 하나님의 일을 하는 사역자가 삯을 받을 권리가 있다는 것을 강조했다. 바울이 사용했던 연관의 흐름을 아래 도식으로 확인하라.

일하는 소 ┅▶ 밟아 떠는 곡식을 먹을 수 있음: **구약 시대**

   ↓   ↓

사역자 ┅▶ 삯을 받아야 함: **바울 시대**

바울은 유대인이라면 당연히 알고 있을 신명기의 말씀을 당시 사역자들의 상황과 연관해서 자신의 메시지로 전한 것이다.

이처럼 성경 자체에 이미 모든 시대를 진리로 연결하는 연관성이 있다. 그러므로 성경 안에 이미 내재되어 있는 연관성을 인식하고, 그것을 바탕으로 본문의 의미를 오늘날에 적합하게 전하고자 노력하는 것은 지극히 성경적이고 마땅히 해야 할 설교자의 수고다.

> ### 🧠 깨 달 음 과 통 찰
> 성경을 오늘의 시대에 맞게 연관시키려는 우리의 노력 이전에, 이미 성경 자체가 모든 시대를 초월한 연관성의 특징을 가지고 있다. 이것이 말씀의 놀라운 신비다.

죄로 죽고 은혜로 살다: 연관성의 두 토대

설교하고자 하는 본문의 시대와 지금의 시대가 긴밀하게 연결될 수 있는 연관성의 두 가지 토대가 있다. 첫 번째 토대는 죄의 문제를 안고 살아가는 인간이다. 성경 시대를 살았던 사람들이나 오늘날을 살아가는 사람들이나 동일하게 죄의 문제에 직면해 있다. 두 번째 토대는 죄에 빠진 인간을 구원하시고 은혜를 베푸시는 하나님이다. 아담의 타락 이후 그분은 인간이 죄의 결과로 죽어가도록 그냥 두시지 않으셨다. 구원을 계획하시고, 예수 그리스도의 십자가를 통해 구원하셨으며, 성령님의 사역을 통해 구원과 은혜의 길을 전 세대에 걸쳐 이어가신다. 이 두 가지 이유 때문에 본문과 우리 시대는 결코 분리될 수 없다.

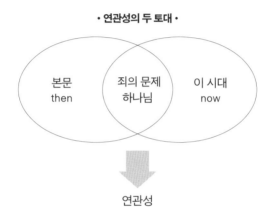

• 연관성의 두 토대 •

본문
then

죄의 문제
하나님

이 시대
now

연관성

죄로 인해 문제에 빠진 인간과 이들을 구원하시고 은혜를 베푸시는 하나님이라는 연관성의 두 토대 중 첫 번째 것이 설교자들이 다루기에 좀 어렵다. 절대 선과 절대 악을 부인하는 현대인들에게 죄가 인간의 근원적 문제라는 것을 설명하기 쉽지 않기 때문이다. 또한 수천 년 전에 벌어진 성경본문의 죄가 오늘날 우리와 무슨 관계가 있는지 보여주

> 📖 **확 인 하 기**
>
> **연관성의 두 토대**
> 1. 죄의 문제를 안고 살아가는 인간
> 2. 죄에 빠진 인간을 구원하시고 은혜를
>   베푸시는 하나님

는 것도 쉽지 않다. 이제 연관성의 첫 번째 토대에 대해 살펴보자.

첫째 연관의 핵:
그들과 우리는 동일한 죄를 가졌다

구약과 신약 시대를 살았던 사람들과 오늘을 살아가고 있는 우리는 본질상 동일한 문제를 가지고 있다. 과거와 현재 삶의 공통된 문제, 바로 죄다. 죄는 모든 세대가 경험하고 있는 치명적 질병이다. 그래서 과거의 사람들과 오늘날의 사람들은 동일한 문제와 운명을 가진 존재다. 모든 인간에게 죄라는 공통요소가 있기 때문에 본문과 오늘날의 연관 작업이 가능하다. 설교자가 설교에서 죄의 문제를 통해 연관성을 강화할 때 '그때나 지금이나 우리는 동일한 영적 문제를 가지고 있구나'라는 청중의 공감을 이끌어 낼 수 있다. 몇몇 설교학자를 통해 그들이 이 점을 어떻게 강조하고 있는지 잠시 살펴보자.

1. 브라이언 채플(Bryan Chapell): FCF

브라이언 채플은 본문과 청중 사이의 연관성을 강화하기 위해 '죄에 빠진 인간의 상태에 대한 강조'(FCF: The Fallen Condition Focus)가 설교에 반드시 있어야 한다고 본다.[55] 채플에 따르면 청중으로 하여금 설교 말씀이 자신을 구해줄 진리라고 느끼게 하길 원한다면 먼저 FCF, 즉 현시대의 성도가 성경본문의 사람들과 똑같이 가지고 있는 죄 된 인간의 공통된 상태를 분명하게 드러내야 한다.[56] 그의 말을 들어보자.

우리의 타락한 본성 때문에 우리 모두는 바벨의 흔적들을 가지고 있다. 우리는 모두 우리의 사닥다리를 통해 하늘까지 올라가려고 노력하면서, [하나님께] 우리를 지켜줄 은혜에 대한 책임을 다할 것을 요구한다. 우리의 자만심은 우리 안에 선한 것이 없다는 고백에 대해 반격을 가한다. 우리의 죄 된 상태는 우리가 은혜에 전적으로 의지하려는 것과 영원히 갈등을 일으킨다. … 설교는 다른 사람들에게 어떤 일이 일어났는지를 주로 밝히는 것이 아니다. 오히려 우리에게 어떤 일이 일어났는지 밝힌다. 설교자들은 성경에 나타난 분명한 영적 진리의 원칙들이 우리 시대의 상황에도 동일한 영적 진리임을 확인시켜준다. 이런 강조를 통해 우리는 우리 자신과 주변 사람들의 마음을 살핌으로, 성경이 우리의 공통된 인간성에 대해 어떻게 말하고 있는지 발견하게 된다. … 어떤 면에서 우리는 모두 다윗의 범죄, 도마의 의심, 베드로의 부인의 모습을 가지고 있다.[57]

채플에 따르면 설교자는 설교본문을 통해 당시의 수신자와 현재 청중이 하나님을 떠났기 때문에 겪는 영적, 실제적 문제들이 무엇인지 명확하게 보여주어야 한다. 이렇게 할 때 청중은 본문에 나타난 상황이 몇천 년 전의 케케묵은 문제가 아니라, 자신과 긴밀한 관계가 있는 것임을 느끼게 된다. 한 단계 더 나아가 설교를 통해 자신의 문제를 해결하길 원하게 된다. 또한 성경본문뿐 아니라 자신들의 상황도 잘 알고 있는 설교자에 대해 더 마음을 열고 메시지를 듣게 한다.

2. 폴 스콧 윌슨(Paul Scott Wilson): 본문과 이 세상에 있는 문제

우리에게 잘 알려진 책,『네 페이지 설교』(*The Four Pages of the Sermon*, 예배와설교아카데미)의 저자 폴 스콧 윌슨도 죄 가운데 있는 인간의 상태를 설교의 중요한 연관점으로 본다.[58] 그는 효과적인 설교를 만들기 위한 네 단계(page)를 다음과 같이 제시했다. 첫째 단계는 설교자가 '성경본문에 나타난 문제'(Trouble in the Bible)로 본문에 나타난 인간의 죄성과 그 결과를 보이는 것이다. 둘째는 '이 세상에 있는 문제'(Trouble in the World)로 설교자가 본문에 나타난 문제가 어떻게 오늘날에도 동일하게 나타나고 있는지 보이는 단계다. 셋째는 '본문에 나타난 하나님의 행동'(God's Action in the Bible)이며, 넷째는 '이 세상에 나타난 하나님의 행동'(God's Action in the World)이다. 이 셋째, 넷째 단계에서는 과거 및 현재 인간의 죄와 문제를 풀어가시는 하나님의 은혜와 구원의 모습을 제시한다. 이 네 단계 중 첫 번째와 두 번째가 죄의 문제를 다루고 있다. 윌슨의 설교 준비의 대전제는 본문에 나타난 죄의 문제가 이 시대에도 동일하게 나타난다는 것이다. 윌슨에 따르면 설교자는 두 번째 단계인 '이 세상에 있는 문제'를 본문에 나타난 문제와 연관시킴으로 오늘날의 청중으로 하여금 본문 말씀이 현대와 긴밀하게 연결되어 있음을 깨닫게 해주어야 한다. 윌슨은 죄를 '유사한 문제' '인간 행동의 계속되는 본성'으로 묘사하면서, 그것은 시대와 상관없이 나타나는 현상이라고 말한다.

두 번째 단계(page)는 오늘날의 세계에 있는 [본문에 나타난 것과]

유사한 문제를 해석한다. 이 단계로 돌아가 우리는 수천 년의 간격에 다리를 놓고, 성경과 우리 사이의 차이에서 생긴 지리적 배경, 문화, 언어, 세계관의 틈을 뛰어넘는다. 확실한 것은 만약 우리가 고대문화에서 무엇인가를 배우려 한다면, 우리는 그때(then)와 지금(now) 사이에 모든 것이 변했을지라도 어떤 것들은 동일하게 남아 있다고 생각해야 한다. 일관성의 가장 중요한 요소는 하나님의 변치 않는 본성과 인간 행동의 계속되는 본성이다. 이 두 가지는 설교자들이 [본문을] 오늘날로 연결시키는 중요한 두 개의 다리다.[59]

월슨이 제시한 방법론의 장점은 단순명료성에 있다. 설교자가 본문에 나타난 문제가 무엇인지 정확하게 서술한 후, 그 문제가 어떻게 유사하게, 반복적으로 이 시대에 나타나는지 두 번째 단계에서 보여주어야 한다. 이렇게 첫 번째와 두 번째 단계를 죄의 공통성으로 연결함으로써 청중은 본문에 나타난 문제를 자신이 동일하게 겪고 있다고 느끼게 된다. 일단 이 과정을 통해 연관성을 놓으면 설교는 청중을 본문으로 끌어당기며 문제를 넘어 해결의 방향으로 가고자 하는 영적 필요를 느끼게 한다.

3. 해돈 로빈슨(Haddon Robinson): 부패의 요소

로빈슨도 같은 개념을 '부패의 요소'(depravity factor)라는 용어로 설명하며, 하나님 앞에 타락한 인간의 모습은 시대와 관계없이 동일하다는 점을 설교자가 강조해야 한다고 말했다.[60] 그에 따르면 설교자는 본문의 사람들과 오늘날의 우리가 어떻게 하나님의 뜻을 거역하며 살아가고 있는지 설명함으로써 두 그룹의 연관성을 확보할 수 있다. 로빈슨이 창세기 3장 1-6절을 가지고 죄의 유혹에 대해 설교한 일부분을 통해, 그가 어떻게 부패의 요소로 청중에게 연관성을 제시하는지 살펴보자.

> "여자가 그 나무를 본즉 먹음직도 하고 보암직도 하고 지혜롭게 할 만큼 탐스럽기도 한 나무인지라 여자가 그 열매를 따먹고 자기와 함께 있는 남편에게도 주매 그도 먹은지라"(창 3:6). 이제 금지되었던 그 열매는 그녀의 눈을 즐겁게 합니다. 그녀는 유혹자의 거짓말을 들었고, 그녀의 감각이 주도권을 잡습니다. 여러분이 하나님을 삶에서 배제할 때 만약 하나님의 말씀과 선하심에 대해 의심하게 된다면, 바로 그때 여러분의 감각이 악한 것 앞에서 살아나게 될 것입니다. 한때 여러분에게 금지되었던 것들이 세상에서 그 어떤 것보다 갖고 싶은 것이 됩니다. 심지어 그것이 여러분을 파괴할 수 있는데도 말입니다.[61]

위의 예를 자세히 보면 로빈슨은 하와가 하나님의 말씀과 신실하심에 대해 의심했을 때 금지된 영역을 탐냈던 부패의 요소가 오늘날 우리에게도 그대로 남아 있음을 설명하고 있다. 설교에는 나타나 있지 않지만 본문과 청중을 연결하는 중간에 부패의 요소가 위치해 양쪽을 연결하는 것을 볼 수 있다.

본문	"여자가 그 나무를 본즉 먹음직도 하고 보암직도 하고 지혜롭게 할 만큼 탐스럽기도 한 나무인지라 여자가 그 열매를 따먹고 자기와 함께 있는 남편에게도 주매 그도 먹은지라"(창 3:6). 이제 금지되었던 그 열매는 그녀의 눈을 즐겁게 합니다. 그녀는 유혹자의 거짓말을 들었고, 그녀의 감각이 주도권을 잡습니다.
연관성	**부패의 요소** 인간은 누구나 하나님의 말씀과 신실하심에 대해 의심할 때 육체적 감각이 살아나 금지된 영역을 탐낸다.
청중	여러분이 하나님을 삶에서 배제할 때 만약 하나님의 말씀과 선하심에 대해 의심하게 된다면, 바로 그때 여러분의 감각이 악한 것 앞에서 살아나게 될 것입니다. 한때 여러분에게 금지되었던 것들이 세상에서 그 어떤 것보다 갖고 싶은 것이 됩니다. 심지어 그것이 여러분을 파괴할 수 있는데도 말입니다.

이처럼 본문의 내용을 청중에게 연관시키기 위한 가장 기초적이면서도 중요한 토대는 죄의 문제다. 설교자는 모든 사람이 죄로 인한 문제를 가지고 있다는 것을 전제로 본문에 따라 구체적인 연관성을 만들 수 있다.

> 📖 **확 인 하 기**
>
> **1차 연관에 관련된 학자들의 용어**
> - 브라이언 채플: 죄에 빠진 인간의 상태에 대한 강조(The Fallen Condition Focus)
> - 폴 스콧 윌슨: 본문과 이 세상에 있는 문제(Trouble in the Bible & in the World)
> - 해돈 로빈슨: 부패의 요소(Depravity Factor)

죄가 전 시대에 흐른다: 1차 연관 가이드

앞에서 세 명의 설교학자를 통해 살펴본 것처럼 모든 설교는 본문을 오늘날의 시대와 연관시키는 작업을 반드시 거쳐야 한다. 이 연관성의 토대는 죄의 문제에 빠진 인간과 그 인간을 구원하시고 은혜를 베푸시는 하나님이다. 연관성을 발견하고 본문과 오늘날을 연결할 때 어떤 본문은 쉽게 그것이 가능하지만, 어떤 본문은 상당한 노력을 기울여야 할 때가 있다. 설교자가 적절한 연관성을 찾기 위해 몇 시간을 고민해야 할 때가 있지만 그 중요성을 생각한다면 그 과정 또한 기쁘게 받아들여야 한다.

이제 성경본문에 등장하는 사람, 그룹, 민족 등이 겪고 있는 문제를 우리 삶과 구체적으로 연관시켜보자. 크게 보면 문제의 근본 이유는 죄다. 그러나 효과적인 연관성을 찾기 위해서는 더 세밀하게 문제의 이유를 나눌 필요가 있다. 성경본문을 자세히 살펴보면 사람들은 1) 죄 때문에, 2) 사탄의 활동 때문에, 3) 자신의 믿음이 부족하기 때문에 다양한 문제를 겪고 있다. 자신이 택한 본문에서 발생한 문제가 어떤 이유에서 시작되었는지 아래의 요소들을 확인한 후 오늘날과 연관시키라. 먼저 죄로 인해 식접적으로 일어난 문제 상황을 다음과 같은 질문에 따라 찾고 오늘날과 연결시켜보라. 명료하게 생각하기 위해 아래와 같이 갈래를 잡아 성경본문과 오늘날의 문제를 파악해보라.

1. 죄로 인한 문제

성경본문에서 …

죄 때문에 {
하나님과의 관계에서 어떤 일이 벌어졌는가?
개인이 겪고 있는 문제는 무엇인가?
사람들에게 일어난 문제는 무엇인가?
}

오늘날 우리 삶에서 동일한 …

죄 때문에 {
하나님과의 관계에서 어떤 일이 벌어졌는가?
개인이 겪고 있는 문제는 무엇인가?
사람들에게 일어난 문제는 무엇인가?
}

창세기 3장 7-10절을 예로 생각해보자. 이 본문에서 아담과 하와는 죄를 범한 후 자신들을 지으시고 복 주신 하나님을 피해 숨었다. 불순종의 죄 때문에 하나님과의 인격적 관계가 도피적 관계로 변한 것이다. 이제 본문의 죄와 그 결과를 분명하게 파악했다. 그렇다면 설교자는 이제 이것을 오늘날로 연관시키면 된다. 본문에 나타난 동일한 죄 때문에 오늘날 우리와 하나님의 관계에 어떤 동일한 결과가 나타나는지 청중에게 말해주면 된다. 본문의 내용을 바탕으로 연관시킨 결과는 다음과 같다. '아담과 하와가 그랬던 것처럼 우리가 하나님의 말씀을 어기고 불순종의 죄를 지으면, 우리도 하나님의 존재

를 두려워하며 피하게 된다.'

2. 사탄으로 인한 문제

성경본문과 우리 삶에 일어난 문제를 연관시키는 또 다른 방법으로 설교자는 죄를 일으키는 사탄의 활동에 초점을 맞출 수 있다. 본문의 시대나 지금이나 계속되는 사탄의 유혹과 공격이 무엇인지 찾고 그것을 오늘날과 연관시켜보라. 이런 접근은 문제를 일으킨 대상을 분명히 드러내주기 때문에 설교에 긴장감을 줄 수 있는 장점이 있다.

성경본문에서 …

사탄은 $\left\{\begin{array}{l}\text{어떤 모습으로 우리에게 다가오는가?}\\\text{어떤 방법으로 우리를 무너뜨리는가?}\\\text{자신의 유혹에 걸려든 사람들에게 어떤 결과를 주는가?}\end{array}\right.$

오늘날 우리 삶에서 여전히 활동하는 …

사탄은 $\left\{\begin{array}{l}\text{어떤 모습으로 우리에게 다가오는가?}\\\text{어떤 방법으로 우리를 무너뜨리는가?}\\\text{자신의 유혹에 걸려든 사람들에게 어떤 결과를 주는가?}\end{array}\right.$

베드로전서 5장 8-9절에서 베드로는 성도들에게 근신하고 깨어서 믿음으로 싸울 준비를 하라고 말했다. 설교자는 이 말씀을 현대 청중의 삶에 연결할 수 있다. 그때와 지금의 성도들이 처한 상황이 동일하기 때문이다. 그것이 구체적으로 무엇인가? 8절에 따르면 그때나 지금이나 마귀가 우는 사자처럼 성도들을 공격하기 위해 돌아다닌다. 9절을 보면 그 결과, 그때나 지금이나 믿는 자들은 세상에서 고난을 당한다. 이제 본문의 내용을 청중의 삶과 연관시키면 다음과 같은 결과가 나온다. '베드로의 시대와 동일하게 마귀는 우는 사자처럼 성도들의 믿음을 위협하며, 끊임없이 핍박과 어려움을 준다.'

3. 믿음의 부족으로 인한 문제

마지막 방법은 본문의 상황이 직접적으로 죄나 사탄 때문에 벌어진 것이 아닐 때 본문을 오늘날로 연관시키는 방법이다. 실제로 죄나 사탄의 활동을 통해서는 연관성을 찾기가 어려울 때가 있다. 이런 경우 우리의 믿음이 부족해서 벌어지는 상황으로 청중의 삶에 연관시키면 된다. 단순하게 우리의 믿음이 부족한 이유를 죄와 사탄의 공격이라고 말할 수도 있다. 그러나 그렇게 접근할 때 부자연스러운 연관이 될 수 있다. 그런 경우 아래의 예처럼 본문의 인물들이 믿음이 없어 벌어진 상황을 오늘날로 연관시키면 된다. 믿음이 부족한 모습이 성경본문과 오늘 우리의 삶에서 어떻게 구체적으로 나타나는지 설명하면서 연관시키라.

성경본문에서 …

믿음이
부족해 { 하나님을 깊이 사랑하지 못함으로
하나님을 신뢰하지 못함으로
말씀을 붙잡지 못함으로
깊이 기도하지 못함으로
서로를 사랑하지 못함으로 등 } 하나님과의 관계,
개인, 사람들에게
어떤 일이
벌어졌는가?

오늘날 우리에게 …

믿음이
부족해 { 하나님을 깊이 사랑하지 못함으로
하나님을 신뢰하지 못함으로
말씀을 붙잡지 못함으로
깊이 기도하지 못함으로
서로를 사랑하지 못함으로 등 } 하나님과의 관계,
개인, 사람들에게
어떤 일이
벌어졌는가?

베드로가 물 위를 걷다 물에 빠진 사건이 기록된 마태복음 14장 28-33절을 한 예로 살펴보자. 본문에서 베드로는 물 위를 걷다 물에 빠지는 위기를 겪었다. 그 이유가 무엇이었는가? 그의 발을 사탄이 물 밑에서 잡아딩겼다는 기록 같은 것은 없다. 특별한 죄 때문이라고 보기도 어렵다. 31절의 예수님 말씀에 따르면 그 이유는 베드로의 믿음이 작아 의심했기 때문이다. 근접구절인 32-33절을 참고해보면 베드

> **확인하기**
>
> 1차 연관의 근본적 토대는 죄다. 그러나 효과적인 연관성을 찾기 위해 다음과 같이 세밀한 1차 연관의 갈래를 활용해야 한다. 1) 죄로 인한 문제, 2) 사탄으로 인한 문제, 3) 믿음의 부족으로 인한 문제.

로는 예수님이 바다와 바람까지 다스리는 하나님의 아들이심을 몰랐다. 이를 바탕으로 연관 작업을 하면 '우리가 베드로처럼 믿음이 부족해 예수님이 어떤 분인지 모를 때, 우리의 한계를 극복하지 못하고 오히려 그 한계에 빠지게 된다'라는 연관성이 나온다.

둘째 연관의 핵: 언제나 동일하신 분

죄악 속에 있는 인간의 삶이 모든 시대의 공통점의 토대가 된다면, 그런 인간을 찾아오시고 구원해주시는 성부, 성자, 성령의 삼위 하나님이 계시다는 것도 모든 사람에게 공통된 점이다. 죄악 속에 있는 인간은 문제를 낳고, 변함없으신 하나님은 근원적 해결의 길이 되신다. 설교의 도입이 인간의 죄로 인한 문제 상황으로 시작된다면, 설교의 진행과 마지막에는 영원하신 하나님을 통한 구원과 은혜가 제시되어야 한다. 우리의 설교가 죄로 인한 좌절과 절망으로 끝나지 않고, 은혜의 선포와 희망의 약속으로 끝날 수 있는 이유는 바로 하나님 때문이다. 우리를 구원하시고 넘치는 은혜를 부어주시는 하나님을 드러내는 것이 모든 설교의 정점이라 할 수 있다. 이제 두 번째 연관 토대에 관한 학자들의 의견을 살펴보자.

1. 브라이언 채플: 구원자 하나님
앞에서 살펴본 것처럼 채플은 설교자가 본문에 나타난 죄에 빠진 인간의 상태를 강조함(FCF)으로써, 문제의 해결을 인간 스스로가 할 수 없고 하나님께서 반드시 도와주셔야 함을 청중이 깨닫게 해야 한다고 말한다. 인간의 근본적 문제는 죄를 통해 발생했다. 죄를 통해 발생한 다양한 문제는 인간이 결심하고 잠시 몇 가지의 행동을 바꿈으로 해결될 것 같지만 결코 사라지지 않는다. 하나님만이 문제를 해결하실 수 있다. 이런 이유 때문에 설교자가 설교의 도입에서 죄에 빠진 인간의 상태를 효과적으로 드러낼 때, 청중은 유일한 해결자 되신 하나님을 바라보게 된다. 이런 의미에서 채플은 설교자가 죄에 빠진 인간의 상태를 강조함을 통해 청중이 "본문 안에 나타난 자기 백성들을 향한 하나님의 은혜를 바라보게 함으로써 그분께 영광을 돌리고 그분을 기뻐하게"[62] 만든다고 말한다. 채플은 설교자가 죄에 빠진 인간을 구원하시는 하나님에 대한 강조가 중심이 되는 하나님 중심적 설교를 추구해야 한다고 말한다. 특별히 채플은 하나님 중심적 설교가 구원을 이루시는 그리스도를 반드시 조명하기에 필연 그리스도 중심적 설교가 된다고 말한다. 그의 말을 들어보자.

> 하나님 중심적 설교는 필연 그리스도 중심적 설교가 된다. 이는 설교가 단순히 예수님의 이름을 언급하거나 그의 삶의 사건들을 청중의 마음에 그려주기 때문이 아니라, 신적인 해결책을 필요로 하는 인간의 절망적 상황을 보여주고, 그 해결책이 무엇인지 알려주기 때문이다. 하나님 중심적 설교가 그리스도 중심적 설교가 되는 이유는, 하나님께서 스스로를 계시하실 때 그리스도 안에 영원히 나타난 그분의 속성과 성품을 통해 자신을 선포하시기 때문이다. 하나님의 구속적 움직임은 그리스도의 사역을 세상에 펼치게 하고, 인간의 마음에 그것이 꼭 필요함을 일깨우며, 구속자로서의

신적 성품이 드러나게 하신다. 우리가 일하시는 하나님을 볼 때, 우리는 필연 그리스도의 사역을 보게 된다.[63]

지금까지 살펴본 것을 요약해보면 채플은 죄에 빠진 인간의 상태를 강조함을 통해 1차 연관 작업을 한다. 본문의 시대와 우리 시대가 동일하게 죄로 인해 심각한 문제를 가지고 있다는 것을 강조하는 것이다. 그 후에 죄에 빠진 인간을 구원하시고 은혜를 베푸시는 하나님을 기반으로 2차 연관 작업을 한다. 죄 때문에 모든 인간은 절망에 빠져 있다. 그러나 동시에 그것을 해결해주시는 하나님이 계시기에 모든 인간에게 희망이 있다. 특별히 하나님의 구원사역은 그리스도를 통해 분명하게 나타나고 성취되었다. 채플의 연관 작업을 따라가면 청중은 그 끝에서 그리스도를 만나게 된다.

· 브라이언 채플의 연관 구도 ·

1차 연관(문제)	2차 연관(해결)	
죄 ⇨	GOD ⇨	✝
"우리 모두 문제를 가지고 있다"	"우리 모두에게 희망이 있다"	"복음!"

2. 폴 스콧 윌슨: 본문과 이 세상에 나타난 하나님의 활동

앞에서 살펴본 것처럼 윌슨은 『네 페이지 설교』에서 1, 2단계를 통해 죄가 모든 인간에게 공통된 문제임을 밝힌다. 그의 첫 번째와 두 번째 단계가 죄를 통한 1차 연관 작업이라면, 3, 4단계는 구원자 하나님을 기반으로 한 2차 연관 작업이다. 『네 페이지 설교』에서 세 번째 단계는 본문에 나타난 하나님의 행동을 드러내는 것이다. 설교자가 처음 두 단계를 통해 죄로 인한 모든 인간의 문제를 드러냈다면, 이제 그는 세 번째 단계를 통해 본문에 나타난 구원자 하나님의 행동을 청중에게 분명하게 설명해야 한다. 윌슨의 말을 들어보자.

> 세 번째 단계에서 우리는 성경본문으로 돌아와 하나님을 향한다. 우리의 관심이 인간의 문제에서 하나님의 행동으로 옮겨진다. … 하나님의 행동은 이 단계의 초점이며, 첫 번째와 두 번째 단계가 이끌고 갔던 설교 전체의 통일된 주제다. 지금쯤 청중은 주제에 대한 연관성과 자신의 수준을 넘어서는 도움이 필요하다는 것을 느꼈을 것이다. 하나님의 행동은 인간의 문제, 죄와 상처, 신적 명령을 넘어 존재한다.[64]

세 번째 단계는 청중이 인간의 세상에 나타난 문제 너머에 계신 하나님을 바라보게 한다. 그분이 본문에서 사람들을 구하시고 은혜를 베푸시는 것을 통해 청중은 그 하나님이 자신에게도 동일한 일 행하시길 기대하게 된다. 이내 설교자는 청중에게 네 번째 단계를 통해 오늘날도 변함없이 하나님이 어떻게 우리를 구원하시며 은혜를 베푸시는지 제시함으로 2차 연관 작업을 완성한다. 윌슨이 이사야 6장 1-13절을 통해 보여주는 실례를 확인해보자.[65]

1단계: 본문에 나타난 문제	2단계: 세상에 있는 문제
이사야는 사명을 감당하기에 적합지 않은 인물이었다.	우리는 사명을 감당하기에 충분하지 않은 사람이다.
3단계: 본문에 나타난 하나님의 행동	**4단계: 오늘날 나타난 하나님의 행동**
하나님은 이사야에게 새로운 정체성을 주셨다.	하나님은 오늘 우리에게 (그리스도를 통해) 새로운 정체성을 주신다.

　본문의 내용은 이사야가 소명을 받는 부분이다. 하나님의 영광스러운 현현 앞에서 이사야는 자신의 부정함 때문에 두려워했다. 이사야는 거룩한 하나님의 소명을 받기에 적합지 않은 인물이었다. 본문을 오늘날 우리와 연관시켜보자. 우리 또한 우리의 죄 때문에 하나님께서 주시는 소명을 감당하기에 부족한 사람이다. 이렇게 첫째와 둘째 단계를 거쳐 1차 연관 작업을 한다. 그 후 셋째, 넷째 단계에서 본문과 오늘날의 문제를 해결하시는 하나님을 통해 2차 연관 작업을 한다. 하나님은 이사야를 정결케 하시고, 선지자의 사명을 주신다. 자신을 죄인으로 고백한 이사야에게 거룩함과 사명을 가진 선지자의 정체성을 주신다. 하나님은 우리에게 그리스도 안에서 거룩함을 주시고, 세상을 복음화하라는 사명을 주심으로 하나님 백성으로서의 새 정체성을 주신다. 윌슨의 네 단계를 통해 1, 2차 연관 작업한 것을 도표로 간단하게 정리해보자.

1단계: 본문에 나타난 문제	2단계: 세상에 있는 문제	▶ 1차 연관 작업
이사야는 사명을 감당하기에 적합지 않은 인물이었다.	우리도 사명을 감당하기에 충분하지 않은 사람이다.	우리는 모두 하나님의 사명을 감당하기에 부족한 존재다.
3단계: 본문에 나타난 하나님의 행동	4단계: 오늘날 나타난 하나님의 행동	▶ 2차 연관 작업
하나님은 이사야에게 새로운 정체성을 주셨다.	하나님은 우리에게 (그리스도를 통해) 새로운 정체성을 주신다.	하나님은 우리 모두에게 새로운 정체성을 주신다.

3. 해돈 로빈슨: 하나님의 모습 그리기

로빈슨은 설교자가 '부패 요소'(depravity factor)를 통해 1차 연관 작업을 할 것을 제안했다. 그렇다면 그는 어떤 방법으로 설교자가 2차 연관 작업을 해야 한다고 제시할까? 로빈슨은 '추상화의 사닥다리'(abstraction ladder)를 통해 죄에 빠진 인간을 구원하고 은혜를 베푸시는 하나님에 대해 제시하라고 말한다.[66] 설교자는 본문을 보면서 죄 때문에 생긴 문제를 해결하기 위해 추상화의 사닥다리 맨 아랫부분에 해당하는 가장 기초적인 방법부터 생각해본다. 인간이 본문의 문제를 해결하기 위해 어떤 방법을 택해야 하는지 등을 생각해보는 것이다. 그러면서 진정한 문제 해결을 위해 무엇이 더 필요한지 계속 생각해본다. 이렇게 추상화의 사닥다리를 계속 오르다 보면 맨 윗부분, 인간 문제의 궁극적 해결책인 하나님의 방법에 이르게 된다. 즉, 부패 요소 때문에 생긴 본문의 문제를 인간의 노력으로 해결하려는 것은 임시적이고 불완전하다는 것을 깨닫고, 초월자 하나님이 해결해주셔야 한다는 결론에 이르게 되는 것이다.

설교자는 이 추상화의 사닥다리를 오르면서 본문에 나타난 창조자, 구원자, 보호자, 공급자 등 구체적인 하나님의 모습을 발견해야 한다. 이 하나님은 모든 세대에 동일하신 분이다. 설교자는 죄의 문제를 해결하시는 하나님의 모습이 여전히 이 시대에도 나타나고 있기에 우리의 죄와 그로 인한 문제가 그분의 방법으로 해결될 수 있다는 것을 전하면 되는 것이다. 로빈슨의 1, 2차 연관 작업의 틀을 그림으로 요약해보자.

• 해돈 로빈슨의 연관성의 틀 •

추상화의 사닥다리: 창조자, 구원자, 보호자 등

2차 연관: 구원과 은혜(문제 해결)

1차 연관: 죄로 인한 문제

부패 요소

📖 **확 인 하 기**

2차 연관에 관련된 학자들의 용어
- 브라이언 채플: 구원자 하나님과 구속자 예수님
- 폴 스콧 윌슨: 본문과 이 세상에 나타난 하나님의 활동
- 해돈 로빈슨: 하나님의 모습(창조자, 구원자, 보호자, 공급자 등)

다시 은혜로 서다:
2차 연관 가이드

연관성을 찾기 위해 이 세 명의 설교학자가 제시한 방법 중에 자신에게 적합한 것이 있다면 어떤 것을 사용해도 좋다. 단 하나님이 어떤 분인지를 나타내기 위해 큰 틀을 택한 후에도 그것을 어떻게 사용하는지에 대해 실제적 안내가 필요하다. 세밀한 연관 작업을 위해 다음의 가이드라인을 참고하라.

1. 변함없이 구원과 은혜를 베푸시는 하나님

가장 쉽게 구원과 은혜를 베푸시는 하나님의 모습을 오늘날과 연관시키는 방법은 죄로 인해 나타난 문제들을 어떻게 그분이 해결하시는지 보여주는 것이다. 예를 들어 창세기 3장 7-10절에서 하나님의 말씀에 불순종한 죄를 지은 아담과 하와가 숨었을 때 하나님께서 가장 먼저 하신 것이 무엇인지 보라. 하나님은 죄를 지은 그들의 이름을 부르시며 그들에게 먼저 찾아오셨다. 이런 하나님의 모습이 오늘날에도 변함없음을 말하면서 본문을 다음과 같이 연관시킬 수 있다. '본문에서 보는 것처럼, 하나님은 우리가 죄를 지어 그분을 피할 때 그냥 두시지 않는다. 우리에게 먼저 찾아오신다.'

2. 하나님의 점진적인 구속사적 계획

종종 어떤 본문에서는 하나님의 문제 해결 방식이 당시의 한 번의 행동으로 끝나지 않는다. 구속사적 계획 속에서 역사를 지나며 점진적으로 확대된다.[67] 이런 경우 설교자는 본문에 나타난 하나님의 모습과 약속을 성경 전체에 비춰 해석하고, 그분의 구속사적 계획이 무엇인지 밝힘으로 연관 작업을 해야 한다.

예를 들어 창세기 3장 21절을 생각해보자. 이 구절에서 하나님은 아담과 하와에게 가죽옷을 지어 입히셨다. 벌거벗은 것을 부끄러워하는 그들을 위해 가죽옷을 지어 입히신 것이다. 그렇다면 이런 본문내용을 바탕으로 '아담과 하와에게 가죽옷을 지어 입히신 하나님은 오늘날 우리에게도 가죽옷을 입혀주신다'라고 연관시켜야 할까? 아니다. 우리가 아는 것처럼 이런 방식으로는 본문을 오늘날과 연관시킬 수 없다. 본문에 나타난 하나님의 행동을 구속사적 관점에서 해석하고 적용해야 한다. 실제로 월트키(Bruce K. Waltke) 같은 많은 성경학자가 창세기 3장 15절을 구속사적인 관점에서 해석한다. 즉 가죽옷을 지어 입히신 하나님의 행동을, 죄로 죽게 된 인류를 그리스도의 희생을 통해 구속하려는 것에 대한 예표로 본다.[68] 그렇다면 이 구절에 대한 바른 연관은 '죄를 지은 아담과 하와에게 가죽옷을 지어 입혀주신 하나님은, 죄인 된 우리에게 그리스도의 대속의 죽음을 통해 의의 옷을 입혀주신다'가 되어야 한다. 구속사적 관점을 바탕으로 연관할 때 설교자는 먼저 본문에 나타난 하나님의 행동이 점진적 계시에서 어떤 것을 의미하는지 쉽고 명확하게 설명해야 한다.

3. 하나님의 뜻을 이루시는 예수님

죄 때문에 문제에 빠진 인간을 구원하시고자 하는 하나님의 뜻을 예수님께서 어떻게 이루시는지 보여주는 것도 중요한 연관의 포인트다. 그리스도의 성품과 사역을 통해 인간의 근본적인 문제가 어떻게 해결되는지 보여주고, 그것을 오늘날과 연관시키라. 한 예로 로

마서 3장 19-26절을 살펴보자. 이 본문에서 나타난 문제는 율법의 기준으로 보면 모든 인간이 죄인이고 그 결과로 심판을 받게 된다는 것이다(19절). 사도 바울이 말한 것처럼 유대인과 헬라인뿐 아니라 모든 사람이 동일한 문제를 가지고 있다. 율법의 요구를 만족시킬 수 없어 불의한 자가 되고 심판을 받게 된다. 해결책은 무엇인가? 바울에 따르면 모든 인류를 구원하시고자 화목제물이 되신 그리스도의 죽음이다(25절). 그리스도의 죽음으로 우리가 값없이 의를 얻고, 죄 용서 받음으로 구원을 받는다. 설교자는 여전히 율법 아래 우리 모두가 죄인임을 밝힘으로 1차 연관을 시키고, 그 후 예수님께서 바울 시대의 성도뿐 아니라 오늘날도 우리에게 그의 죽음을 통해 죄를 용서해주시고 의롭다 칭하신다는 것을 알려줌으로 2차 연관 작업을 해야 한다.

쉽지만 효과적인
다섯 가지 연관의 기술

지금까지 연관성에 관한 여러 이론 및 그와 관련된 방법론을 살펴보았다. 마지막으로 효과적인 연관 작업을 위한 쉽고도 실제적인 방법을 살펴보자.

1. 본문의 인물을 오늘날과 적절히 연관시키라

효과적인 연관 작업을 위해 본문의 인물(들)을 오늘날의 대상(들)으로 바꾸는 것이 필요하다. 기본적으로 각 개인을 대상으로 하는 것이 첫 출발점이다. 그러나 개인뿐 아니라 가정, 교회, 사회, 국가 같은 큰 대상까지 염두에 두어야 한다. 본문 자체가 허락하는 범위에서 오늘날의 대상과 연관시키는 것이 중요하다. 너무 엄격한 기준으로 연관 대상을 잡으면 메시지를 받는 대상이 좁아질 수 있다. 반대로 본문과 상관없이 연관 대상을 확대하면 메시지가 부자연스럽게 될 수 있다. 여호수아 1장 1-9절의 말씀을 예로 생각해보자. 이 본문의 중심 메시지는 아래와 같다.

중심 메시지(CMT)

하나님은 여호수아에게 그분의 약속과 말씀을 붙잡고 강하고 담대하게 이스라엘을 가나안으로 인도하라고 말씀하신다.

본문은 하나님이 여호수아에게 말씀하신 내용이다. 그렇다면 오늘날 하나님은 이 본문을 누구에게 말씀하시는가? 본문의 여호수아가 오늘날의 누구에 해당하느냐는 질문이다. 가능한 연관 대상은 다음과 같다.

본문: 하나님은 여호수아에게

오늘날: 하나님은 …

1) 신임 당회장에게

　　연관 대상의 폭이 너무 좁아 설교의 청중이 제한된다. 담임목사 위임예배 메시지로 가능할 것이다.

2) 새로 임명받은 리더들에게

연관 대상이 특정 그룹으로 정해진다. 특정 그룹 임명예배나 헌신예배 메시지에 적합한 설정이다.

3) 중대한 책임을 맡은 자에게

연관 대상이 보편화되었다. 무엇인가 중요한 일을 맡아 이끌어 가야 할 책임이 있다고 생각하는 사람들이 모두 들을 수 있는 메시지가 된다.

4) 우리에게

연관 대상이 성도 전체로 확대된다. 모든 사람이 들을 수 있는 메시지가 된다. 그러나 1, 2차 연관 작업이 세밀하게 이루어질 때만 적합한 메시지가 된다.

본문에 등장하는 여호수아를 오늘날과 연관시킬 때 가능한 대상들을 나열해 보았다. 설교자는 이 중 어떤 대상을 택해야 하는가? 또 택할 때 어떤 원칙이 있어야 하는가? 첫째, 본문의 인물과 연관 대상 사이에 어느 정도 공통점이 있어야 한다. 둘째, 자신이 설교해야 할 청중에 따라 결정하면 된다. 교회 새 임직자 수련회에서 설교해야 한다면, 위의 두 번째 연관 대상으로 메시지를 준비하면 된다. 모든 성도가 듣는 예배에서 설교한다면 세 번째나 네 번째 것을 연관 대상으로 삼으면 된다. 셋째, 연관 대상의 범위를 너무 좁거나 넓게 잡지 않도록 하라. 너무 좁은 경우 설교의 폭이 좁아진다. 너무 넓은 경우 남의 이야기처럼 들릴 가능성이 높다. 설교자는 자신의 메시지를 들을 청중을 고려해 적절하게 본문의 인물과 오늘날의 사람을 연관시켜야 한다.

2. 본문의 상황을 오늘날과 적절히 연관시키라

본문에 등장하는 인물을 오늘날의 연관 대상으로 바꿨다면, 이제 본문의 상황을 오늘날과 연관시킬 차례다. 여호수아 1장 1-9절의 중심 메시지를 다시 살펴보자.

중심 메시지(CMT)

하나님은 여호수아에게 그분의 약속과 말씀을 붙잡고 강하고 담대하게 이스라엘을 가나안으로 인도하라고 말씀하신다.

본문의 상황은 무엇인가? 하나님께서 여호수아에게 나타나 강하고 담대하게 약속의 땅을 차지하라고 말씀하시는 것이다. 더 구체적으로 말하면 이스라엘 백성을 가나안으로 인도하라는 것이다. 이 사건이 오늘날과 어떻게 연관될 수 있는가? 설교자는 여호수아가 이스라엘 백성을 가나안으로 인도하는 것을 어떻게 청중의 삶과 연관시켜야 할까? 다음과 같이 오늘날과 연관시킬 수 있다.

이스라엘을:

1) 자신이 맡은 그룹을
2) 자신이 맡은 책임을
3) 우리의 학교, 가정, 교회, 직장을

가나안으로 인도:

1) 하나님이 기뻐하시는 성숙한 공동체로 만들라 하신다.
2) 하나님이 원하시는 방향으로 이끌며 맡겨주신 사명을 성취하

라고 하신다.

3) 하나님이 주시는 복이 넘치는 곳으로 만들라 하신다.

앞에서 살핀 인물 연관의 경우처럼 본문의 상황을 오늘날로 연결할 때도 설교자는 자신의 청중을 고려해야 한다. 그럴 때 상황 설정의 여러 가능성 중에 가장 적절한 것을 선택할 수 있다. 또한 인물 설정의 원칙처럼 본문의 상황을 오늘날로 연결할 때도 본문과 오늘날의 상황에 공통점이 있어야 한다. 이 두 가지를 고려하면서 설교자가 본문의 상황과 오늘날의 상황을 연결할 때 청중은 더 깊이 본문에 몰입할 것이다.

3. 사용할 연관성의 포커스를 조절하라

이것은 설교자가 연관 작업에서 본문의 특정한 사람과 상황을 오늘날의 사람과 상황으로 바꾸기 위해 그 범위를 결정하는 것을 말한다. 앞에서 사람과 상황을 연관시키는 법에 대해 살펴보면서 우리는 이미 이것을 조금씩 연습해왔다. 그러나 비유를 통해 좀더 자세하게 살펴보자. 지금 영화를 상영하기 위해 영상 프로젝터를 다루고 있다고 생각해보라. 포커스를 너무 좁게 맞추면 화면은 선명한데 너무 작은 영상이 나온다. 반대로 포커스를 너무 넓게 맞추면 화면은 큰데 선명도가 떨어진다. 본문에 관련된 인물과 상황을 설정하는 것은 영상 프로젝터의 포커스를 맞추는 것과 유사하다. 분명한 의미 전달을 위해 너무 좁지도, 너무 넓지도 않게 사람과 상황의 연관성 범위를 결정하는 것이 중요하다. 이 연관성의 범위를 조절하는 것은 전적으로 설교자에게 달려 있다. 효과적인 연관 작업을 위해 연관성의 범위를 적절하게 조절하는 것은 설교자의 중요한 능력 중 하나다.

4. 시대를 초월한 구원자 하나님을 드러내라

본문의 인물과 상황을 오늘날과 연결했다면 이제 변함없이 인간을 구원하고 문제를 해결해주시는 하나님을 드러내라. 본문의 문제를 가지고, 고통 속에 있는 인간을 보실 때 하나님의 마음이 어떨지 세밀하게 묘사하라. 그 문제를 해결하기 위해 본문에서 하나님이 어떤 일을 행하셨는지 설명하라. 그리고 하나님이 이 시대에 동일한 문제를 해결하기 위해 어떤 일을 지금도 행하고 계신지 보여주라. 이때 현시대의 구조와 상황에서 하나님의 행동하심이 어떻게 나타나는지 세밀하고 분명하게 나타내는 것이 관건이다. 설교자가 시대를 초월해 인간의 문제를 해결하시고 그들을 구원하시는 하나님을 드러낼 때 청중은 자신이 그 하나님 앞에서 무엇을 해야 할지 생각하게 된다. 곧 살펴보겠지만 그 결과 설교가 연관의 단계를 넘어 적용의 단계로 자연스럽게 이동된다.

5. 연관도구(SSQ)를 사용하라

설교자가 본문을 오늘날과 연관시키기 위해 쓸 수 있는 세 가지 중요한 도구가 있다. 바로 연관 문장(Sentence), 연관 예화(Story), 연관 질문(Question)이다. 연관 문장은 본문에 등장하는 인물, 상황, 하나님을 오늘날로 연결해주는 문장이다. 사무엘상 1장 7-10절에 등장하는 하나의 예를 살펴보자(연관 문장은 꺾쇠괄호로 표시).

오늘 본문을 보면 한나가 울고 있습니다. 아이가 없어 눈물을 흘

리고 있습니다. 아이는 부부라면 보통 누구나 가질 수 있는 사랑의 열매입니다. 또한 당시 아이는 부모를 돌보고 보살펴줄 미래였습니다. 그렇기에 아이는 한나의 오랜 기도제목이기도 했습니다. 〈본문에 등장하는 한나처럼 우리도 울 때가 있습니다. 보통사람들이 가지고 있는 것들을 갖지 못해서, 미래가 보이지 않아서, 오래 기도했지만 응답되지 않아서 눈물을 흘릴 때가 있습니다. 우리는 본문의 울고 있는 한나의 얼굴에서 우리의 얼굴을 봅니다.〉

연관 문장은 본문과 우리 시대의 공통된 특징을 바탕으로 양쪽을 연결해주는 중요한 도구다. 대표적인 연관 문장은 다음과 같다. 1) 본문에 등장하는 인물처럼 우리 또한 … 2) 우리가 현대의 한나(성경의 등장인물)가 되어 … 3) 본문에 등장하는 상황처럼 오늘 우리의 상황도 … 4) 본문의 문제가 이 시대에도 재현됩니다 … 5) 본문에 등장하는 하나님이 이 시대에도 동일하게 … 6) 본문에서 역사하셨던 하나님은 이 시대에도 우리를 위해 여전히 역사하십니다 … 7) 예수님이 십자가에서 이루신 역사는 우리에게도 여전히 유효합니다 … 8) 성령이 지금도 변함없이 우리의 삶에 …. 이 외에도 설교자는 본문과 우리 시대를 연결하는 문장을 얼마든지 다양하게 만들어 사용할 수 있다.

연관 예화는 본문에 등장하는 인물, 상황, 하나님을 오늘날로 연결해주는 예화다. 위의 본문을 가지고 연관 예화의 예(꺾쇠괄호로 표시)를 살펴보자.

오늘 본문을 보면 한나가 울고 있습니다. 아이가 없어 눈물을 흘

리고 있습니다. 아이는 부부라면 보통 누구나 가질 수 있는 사랑의 열매입니다. 또한 당시 아이는 부모를 돌보고 보살펴줄 미래였습니다. 그렇기에 아이는 한나의 오랜 기도제목이기도 했습니다. 〈제가 처음 부목사로 사역했을 때 오랜 기도제목이 이루어지지 않아 한나처럼 기도시간만 되면 우셨던 집사님이 계셨습니다. 이 집사님의 기도제목은 방황하는 자녀들을 위한 것이었습니다. 주일학교까지는 열심히 신앙생활 했던 아이들이 어느 순간 믿음에 회의를 품고 교회를 떠났습니다. 많은 노력을 했지만 소용이 없었습니다. 그래서 그 집사님은 하나님 앞에 매일 기도했습니다. 5년이 지나도 아무런 변화가 없었습니다. 그러자 집사님은 하나님이 자신의 간절한 기도를 외면하시는 것 같다고 더 슬피 울며 기도했습니다. 저는 그 집사님을 보면서 오랜 기도제목이 이루어지지 않으면 본문의 한나처럼 사람 앞에서, 하나님 앞에서 울보가 된다는 것을 알았습니다.〉

연관 질문은 연관 문장, 연관 예화와 더불어 본문을 오늘날과 연결해주는 좋은 도구다. 연관 질문은 질문을 통해 본문에 등장하는 인물, 상황, 하나님을 오늘날로 연결하는 것이다. 또한 해석에 참여하도록 던지는 질문도 연관 질문의 한 형태로 볼 수 있다. 연관 질문은 짧은 순간 청중이 본문에서 '나라면 어떻게 할 것인가'라는 생각을 갖게 만든다. 위의 본문을 가지고 연관 질문의 예(꺾쇠괄호로 표시)를 살펴보자.

오늘 본문을 보면 한나가 울고 있습니다. 아이가 없어 눈물을 흘

리고 있습니다. 〈여러분은 지금 무엇이 없어 울고 있습니까? 한나에게 아이란 어떤 의미입니까?〉 아이는 보통 부부라면 누구나 가질 수 있는 사랑의 열매입니다. 또한 당시 아이는 부모를 돌보고 보살펴줄 미래였습니다. 그렇기에 아이는 한나의 오랜 기도제목이기도 했습니다. 〈다시 한 번 여쭙겠습니다. 여러분은 지금 왜 울고 계십니까? 우리가 당연히 누려야 할 것을 누리지 못해서, 미래가 없어서, 오랜 기도제목이 응답되지 않아서 울고 있다면 바로 우리가 본문의 한나와 같지 않을까요?〉

연관 질문은 짧지만 빠른 시간에 본문과 청중을 연결해준다. 그러나 너무 많은 연관 질문을 던지면 청중이 지적 피곤함을 느낄 수 있다. 그러므로 꼭 필요한 질문을 간결하게 던지는 것이 중요하다.

효과적인 연관 작업을 위해 연관 문장, 연관 예화, 연관 질문을 균형 있게 사용하면 청중이 본문에 몰입하는 것을 경험할 것이다. 본문의 의미를 잘 드러내고 그것을 청중에게 연결시키기 위해 연관도구 중 어떤 것을 사용할지 고민하는 것은 힘들지만 신나는 일이다. 자신이 선택한 연관도구를 통해 사람들이 본문으로 빨려 들어오는 것을 볼 수 있기 때문이다.

> **📖 확 인 하 기**
>
> 쉽고 실제적인 연관의 기술
>
> 1. 본문의 인물을 오늘날과 적절히 연관시키라.
> 2. 본문의 상황을 오늘날과 적절히 연관시키라.
> 3. 사용할 연관성의 포커스를 조절하라.
> 4. 시대를 초월한 구원자 하나님을 드러내라.
> 5. 연관도구(SSQ)를 사용하라.

연관성,
적용으로 이어지는 길

본문과 오늘날의 삶이 어떻게 연결되는지 정확한 연관성을 제시할 때 청중은 메시지에 집중하게 된다. 연관 작업을 통해 이젠 본문이 '그때'(then)의 이야기가 아니라 자신들을 향한 '지금'(now)의 이야기로 들리기 때문이다. 연관 작업은 청중의 관심을 사로잡을 뿐아니라, 효과적인 적용을 위해서도 반드시 필요하다. 적절하게 연관 작업이 이루어지면 청중은 자연스럽게 본문이 제시하고 있는 적용을 받아들일 준비가 된다. 반대로 연관성이 마련되지 않았는데 바로 적용을 할 경우 본문과는 전혀 다른 적용이 나온다. 설령 바른 적용을 했을지라도 그것이 자신의 삶과는 동떨어진 것이라 생각하기 쉽기 때문에 자연스럽게 받아들일 수 없다. 이렇게 연관성은 청중을 메시지로 끌어올 때도, 메시지가 전달하려는 적용을 제시할 때도 반드시 필요한 요소다.

윌하이트에 따르면 "연관성은 적용보다 더 많은 것을 포함"[69]하고 있다. 수누키안(Donald R. Sunukjian)도 "연관성이 적용보다 더 넓은 것"이라는 점을 분명히 했다.[70] 두 학자의 의견을 종합해보면 연관성은 의미를 찾고, 연결하고, 적절성을 추구한다는 의미에서 적용보다 넓은 개념으로 사용되는 용어다. 비어맨(David Veerman)은 다음과 같이 연관성과 적용의 관계를 설명했다.

연관성은 어떻게 성경 시대에 발생한 것들이 동일하게 오늘날에 발생될 수 있는지에 대해 설명한다. 예를 들어, 우리는 고린도를

오늘날의 많은 도시와 유사한 것으로 묘사할 수 있다. 많은 우상
과 폭력, 성적 타락을 가진 면에서 말이다. 연관성이 기초된 서술
은 우리를 적용으로 더 많이 이끈다.[71]

비어맨의 말처럼 올바른 연관 작업이 이루어지면 자연스러운 적
용이 가능하다. 이런 의미에서 연관성은 '자연스런 적용으로 가는
길'이라 할 수 있다.[72] 로빈슨도 "오늘날의 사람들과 본문의 사람들
의 관계를 세밀히 파악할수록 정확한 적용점을 찾을 수 있다"며 효
과적인 연관성이 적절한 적용의 토대가 된다는 사실을 강조했다.[73]
본문이 연관성을 지나 어떻게 적용으로 흘러가는지 도표를 통해 정
리해보면 다음과 같다.

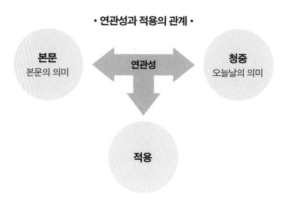

· 연관성과 적용의 관계 ·

지금까지 본문과 우리가 살아가는 시대를 연결하는 연관성에 대
해 알아보았다. 연관 작업을 마치면 이제 적용점을 찾아야 한다. 적
용점을 발견하면 설교의 세 요소가 모두 갖추어진 것이다. 다음 장
에서 적용에 대해 집중적으로 알아보자.

4장

그 렇 게   살 고   싶 다 :
적 용 점 을   제 시 하 라

"적용이 시작되는 부분이 설교가 시작되는 부분이다."

_ 스펄전(Charles H. Spurgeon)

아직 늦지 않았다:
적용의 정의와 중요성

적용은 본문에서 얻은 영적 원칙을 구체적 실천방법으로 제시하는 것이다. 적용이 왜 중요할까? 성경은 말씀을 듣고 깨닫는 것에서 끝나지 말아야 함을 강조한다. 야고보는 말씀을 듣고 행하지 않는 자는 자신을 속이는 자라고 말했다. "너희는 말씀을 행하는 자가 되고 듣기만 하여 자신을 속이는 자가 되지 말라"(약 1:22). 야고보는 말씀의 들음이 행함으로까지 이어져야 한다고 강조한 것이다. 이 구절에 따르면 설교자는 청중이 메시지를 듣는 것에서 그치지 않고 구체적인 행동으로 실천할 수 있도록 도와야 한다. 들음을 넘어 실천을 가능케 하는 것이 바로 적용이다.

바울도 빌립보 교인들에게 배우고 듣고 본 바를 행하라고 말했다. "너희는 내게 배우고 받고 듣고 본 바를 행하라 그리하면 평강의 하나님이 너희와 함께 계시리라"(빌 4:9). 바울은 자신에게 배우고 자신의 삶을 직접 본 빌립보 교인들이 진정한 영적 성장에 이르길 원했다. 그 성장은 행함을 통해 이루어지는 것이었다. 바울은 성도들이 귀와 눈으로 가르침받은 것을 행할 때 평강의 하나님이 함께하심을 경험할 수 있다고 확신했다. 어떻게 가르침이 행함으로 이어지게 할 것인가? 이것을 가능케 하는 것이 바로 적용이다.

이렇게 적용이 중요하기 때문에 스펄전은 적용이 시작되는 부분이 바로 설교가 시작되는 부분이라고 말한 것이다.[74] 현대 강해설교의 선구자인 존 브로더스(John A. Broadus)는 "설교에서 적용은 단지 토론을 위한 부속물이나 일부분이 아니라 반드시 행해야 할 중요 부분이다"라며 그 중요성을 강조했다.[75] 현대 강해설교의 다양한 방법론을 제시하고 있는 티모시 워렌(Timothy S. Warren) 또한 적용의 중요성에 대해 강조했다. 그는 "하나님의 사람들이 자신이 들었던 말씀에 따라 다르게 생각하고 행동하기까지 설교가 끝난 것이 아니다. … 설교의 목적이 하나님의 진리를 살아내는 것으로 그것을 보여주거나 드러내는 것이기 때문이다"라며 적용의 중요성에 대해 상기시켰다.[76]

지금까지 살펴본 것을 통해 우리는 적용 없는 설교는 참 설교가 아니라는 것을 확인했다. 그러나 안타깝게도 너무 많은 설교자가 적용의 정확한 개념을 모른다. 또 지식적으로 안다 할지라도 어떻게 효과적인 적용을 해야 할지 실제적으로 알지 못하는 경우가 많다.

사실 미숙한 적용, 심지어는 적용이 부재한 설교가 우리 주위에 너무 많다.

> 📖 **확 인 하 기**
> 적용은 본문에서 얻은 영적 원칙을 구체적 실천방법으로 제시하는 것이다.

잘못된 적용을 바로잡는 길

설교자들이 적용에 대해 어려움을 느끼는 것은 동서양에서 공통으로 나타나는 현상이다. 기독교교육의 대가요 탁월한 설교자인 헨드릭스(Howard Hendricks)는 적용이 빠진 가르침과 설교에 대해 다음과 같이 말했다.

적용은 가장 무시되고 있지만 가장 필요한 과정이다. 너무 많은 성경공부가 잘못된 곳에서 시작하고 잘못된 곳에서 끝난다. 바로 해석에서 시작해 해석으로 끝나는 것이다. … 성경은 당신의 호기심을 만족시키기 위해 쓰인 것이 아니라, 당신의 삶을 변화시키기 위해 기록된 것이다.[77]

로빈슨은 한 걸음 더 나아가 설교에서 잘못된 적용이 나타나는 현상을 이단에 비유해 설명했다. 그의 유명한 소논문 「적용의 이단」(The Heresy of Application)에서 로빈슨은 다음과 같이 말했다.

많은 이단이 성경 주해보다 적용에서 발견된다. 설교자들은 성경에 충실하길 소망하며 신학교에서 주해를 배웠다. 그러나 그들은 본문에서부터 어떻게 오늘의 세계로 여행해야 하는지에 대해서는 확실하게 배우지 못한 것 같다.[78]

위의 말처럼 실제로 많은 설교에 적용이 빠져 있다. 더 많은 경우 적용을 하지만 엉뚱하고 잘못된 방식으로 한다. 그 이유는 분명하다. 로빈슨의 지적처럼 신학교에서 지나치게 주해에만 초점을 맞추어 교육하기 때문이다. 그것이 잘못되었다는 것이 아니다. 거기에만 머물 때 문제가 된다는 것이다. 분명 설교자들은 본문의 의미를 명확하게 파악할 수 있는 능력을 먼저 갖추어야 한다. 동시에 본문의 의미를 오늘날로 연관시키는 법을 알아야 한다. 그뿐 아니라 성경의 진리를 어떻게 오늘날에 실천할 수 있는지 반드시 제시할 수 있어야 한다. 즉 본문의 진리를 삶과 연관시켜 그것에 따라 청중이 살아낼 수 있도록 적용점까지 분명하게 제시할 수 있어야 한다.

그렇다면 설교자들이 어떻게 바른 적용을 할 수 있을까? 우리는 가장 중요하고 기본적인 원칙을 붙들어야 한다. 그것은 바로 적절한 적용은 본문에서부터 나온다는 원칙이다. 라슨(David L. Larsen)은 이 점을 다음과 같이 강조했다. "효과적인 적용은 본문과 상황의 분명한 일치의 결과다."[79] 본문을 떠난 적용은 있을 수 없다는 이야기다. 쉽게 말해 바른 적용은 본문에 근거해야 한다는 것이다. 결국 적용이라는 열매는 본

> ### 💡 깨달음과 통찰
>
> 본문을 떠난 적용은 있을 수 없다. 참된 적용은 본문에 근거하고 있어야 한다. 적용이라는 열매는 본문의 뿌리에서 나온 것이어야 한다.

문의 뿌리에서 나온 것이다.

흔들리지 말라:
본문이 이끄는 적용 원칙

에이킨은 올바른 적용이 본문에서 나와야 한다는 자신의 확신을 표현하기 위해 '본문이 이끄는 적용'(text-driven application)이라는 용어를 사용했다. 그는 본문이 이끄는 적용을 위한 다섯 가지 중요한 방향을 다음과 같이 제시했다.[80]

1. 본문이 이끄는 적용은 본문 주해에 기반하고 있어야 한다.
효과적이면서도 충실한 적용이 되려면 그것이 역사적 · 문법적 · 문학적 · 신학적 성경분석에 뿌리를 두고 있어야 한다.

2. 본문이 이끄는 적용은 성경 저자가 의도한 의미에 기초하고 있어야 한다.
적용이 설교자의 주관이나 개인적인 경험에서 나온 것에 기초하고 있을 때 그것은 바른 적용이 될 수 없다. 성경 저자의 의도가 적용을 결정하고 이끌어가야 한다.

3. 본문이 이끄는 적용은 청중의 삶에 적합한 성경의 연관성과 실제적 특징을 제시해야 한다.
효과적인 적용이 되기 위해서는 먼저 청중의 삶에 연관되는 메

시지로 전해져야 한다. 동시에 실천 가능한 것들로 제시되어야
한다.

**4. 본문이 이끄는 적용은 실제적인 예화, 실례, 제안을 포함하고 있어
야 한다.**

적용은 청중이 자신이 들은 성경의 진리를 수용하고 삶의 모델로
삼을 수 있는 실제적인 것들로 제시되어야 한다.

**5. 본문이 이끄는 적용은 청중이 거룩한 진리의 말씀에 순종할 수 있
도록 해야 한다.**

설교자는 청중을 설득하고 권하여 자신이 들은 메시지를 실천하
고자 하는 의지를 갖게 해주어야 한다.

에이킨이 제시한 이 원칙들은 설교자가 구체적인 적용을 제시하
기 전에 그것이 본문에 근거하고 있는지 생각하게 만든다. 원칙을
살펴보고 적용에 대해 깊이 생각해보는 것은 바르고 효과적인 적용
을 위해 설교자가 반드시 거쳐야 하는 과정이다.

적용의 양대 산맥:
일반적 적용(GA)과 구체적 적용(SA)

앞에서 적용은 본문에서 얻은 영적 원칙을 구체적 실천방법들로
제시하는 것이라고 했다. 이 정의 안에 '영적 원칙'과 '구체적 실천방

법'이 포함되어 있는 것을 주목하라. 설교자는 청중에게 '일반적 적용'(General Application, GA)으로 포괄적인 영적 원칙을 제시할 수 있다. 이때 적용으로 제시되는 영적 원칙은 설교학자들이 종종 '성경의 불변원칙'(timeless principle or truth)이라고 부르는 것이다.[81] 즉 본문에서 도출된 원칙으로, 성경의 시대뿐 아니라 현시대에도 여전히 지키고 실천해야 하는 원칙을 말한다. 요크(Hershael W. York)는 이 일반적 적용을 '넓은 범위의 적용'(long-range application)이라고 부르며 청중의 삶이 어떻게 변해야 할지 원칙을 제시하는 것으로 정의했다.[82]

한편 설교자는 때로 아주 구체적인 실천방법을 제시해주는 좁은 범위의 '구체적 적용'(Specific Application, SA)을 사용할 수 있다. 수누키안은 적용으로 제시되는 구체적인 실천방법을 '집으로 가져가야 할 실천사항'(take-home truth)이라는 재미있는 용어로 표현했다. 수누키안은 이 표현을 사용함으로써, 청중이 메시지를 듣고 집으로 돌아갈 때 적용으로써 삶에서 구체적으로 실천할 것들을 설교자가 마음속에 넣어주어야 한다고 강조한 것이다.[83] 요크는 이 구체적 적용을 '직접적 적용'(immediate application)이라고 부르며 청중이 삶에서 구체적으로 실천해야 할 사항을 제시하는 것으로 보았다.[84]

앞에서 말한 것처럼 일반적 적용은 구체적인 방법보다는 본문에서 얻은 포괄적 영적 원칙을 제시함으로써 청중이 그 원칙을 지키도록 설득하고 격려하는 것을 말한다. 다음 본문으로 실제적인 예를 살펴보자.

"남편들아 아내 사랑하기를 그리스도께서 교회를 사랑하시고 그

교회를 위하여 자신을 주심같이 하라"(엡 5:25).

가정주간에 이 본문을 가지고 설교한다면 설교자는 본문을 주해한 후 다음과 같은 넓은 범위의 일반적 적용을 할 수 있다(꺾쇠괄호로 표시).

바울은 남편들이 그리스도께서 교회를 사랑하셨듯이 아내를 사랑해야 한다고 말했습니다. 본문에서 '사랑하라'고 말할 때 쓰인 단어는 육체적 사랑을 말하는 '에로스'가 아닙니다. 희생적 사랑을 말하는 '아가페'의 동사형 '아가파오'(ἀγαπάω)가 쓰였습니다. 희생적 사랑을 하라는 것입니다. 예수님께서는 교회를 희생적으로 사랑하셨습니다. 그분은 교회를 이 땅에 세우시기 위해 자신의 몸을 찢으셨습니다. 죽기까지 사랑하신 것입니다. 〈그렇다면 우리는 아내를 어떻게 사랑해야 하겠습니까? 사랑하되 죽기까지 사랑해야 합니다.〉 여성들을 낮게 보던 당시의 문화, 여자들의 일방적인 순종만을 요구하던 시대에 놀라운 이야기가 아닐 수 없습니다. 바울은 분명하게 말합니다. "아내는 남편에게 복종하고, 남편은 그 아내를 사랑하라!" 〈복종보다 더 높은 기준인 죽음까지 각오한 사랑이 남편에게 요구됩니다. 남편 된 여러분, 그리스도가 교회를 사랑했듯이 여러분의 아내를 헌신적으로 사랑하십시오.〉[85]

위의 예를 보면 설교자는 청중에게 '아내를 사랑하라'는 본문에서 발견된 영적 원칙을 적용으로 제시했다. 그러나 어떻게 구체적으로 사랑해야 하는지 방법은 제시하지 않았다. 이렇게 일반적 적용을 사용하는 경우 설교를 듣는 청중이 스스로 실천해야 할 것들을 찾을 수 있다는 것을 전제로 하고 있다. 그러나 설교자가 구체적인 적용 방법을 제시하지 않는 경우 청중은 설교 중에 깨달은 것을 어떻게 실천해야 할지 모를 때가 많다. 그래서 많은 설교자가 세부적인 실천방법을 제시하는 구체적 적용을 사용한다. 앞에서 살펴본 본문에 구체적 적용을 제시해보자(꺾쇠괄호로 표시).

바울은 남편들에게 자신의 아내를 희생적으로 사랑하라고 말합니다. 희생적인 사랑은 말이 아니라 행동으로 표현되는 것입니다. 저는 오늘 남편이 어떻게 아내를 구체적으로 사랑할 수 있는지 실천방법 세 가지를 제시하고자 합니다. 〈첫째, 아내의 신앙 성장을 적극적으로 도와주십시오.〉 본문 뒤에 이어지는 26, 27절을 보십시오. 그리스도께서 교회를 바로 세우듯이 남편이 아내를 영적으로 세우라는 것입니다. … 〈둘째, 아내가 건강한 정서를 가질 수 있도록 도와주십시오.〉 베드로에 의하면 아내들은 남편에 비해 '더 약한 그릇'입니다(벧전 3:7). 육체적으로 약할 뿐 아니라, 정서적으로도 예민하다는 뜻입니다. 그렇기에 남편이 아내의 말을 많이 들어주고 공감해주어야 합니다. … 〈셋째, 가사를 분담하고 적극적으로 도와주십시오.〉 여성들은 엄마로, 아내로 온종일 집안일에 시달릴 수밖에 없습니다. 요즘 맞벌이 부부가 늘어나고 있습니다. 최근 통계에 따르면 10가구 중 4가구가 맞벌이 부부입니다. 아내도 일을 하는데, 집에 와서까지 혼자 일할 경우 신체적으로 분명히 무리가 갈 것입니다. 남편이 아내를 사랑한다면 때로는 가사를 분담하고 도와주어야 합니다.[86]

위에서 볼 수 있는 것처럼 설교자는 청중이 아내를 어떻게 사랑할 수 있는지 구체적인 방법들을 제시했다. 실천 가능한 범위를 설정하고 실제적인 제안을 한 것이다. 구체적 적용의 경우 제시된 것들이 분명하기 때문에 실천의 가능성이 커진다는 장점이 있다. 그러나 이 구체적 적용의 경우 설교자의 주관적 적용이나, 다양한 사람들의 상황을 고려하지 않은 일방적 행동 제시로 끝날 수 있는 위험성이 있다.

설교자는 청중을 고려하면서 일반적 적용을 할 것인지, 구체적 적용을 할 것인지 결정해야 한다. 매번 구체적인 적용을 할 필요는 없다. 구체적인 것이 좋지만 매번 너무 구체적일 때 그 적용을 지킬 수 없는 사람도 생길 수 있고, 청중이 불필요한 심리적 압박감을 느낄 수도 있다. 반대로 항상 일반적인 적용만 하면 더 큰 위험에 빠질 수 있다. 영적 원칙만 제시하고 구체적인 적용방법을 청중에게 맡기면 설교를 들은 후 아무 행동도 하지 않을 가능성이 있으며, 이는 실천을 하고 싶어도 어떻게 해야 할지 모를 수 있기 때문이다. 때론 일반적 적용으로 강한 영적 원칙을 제시하라. 때론 구체적 적용으로 그 원칙을 어떻게 실천할지 세밀하게 제시하라. 일반적 적용과 구체적 적용이 조화를 이룰 때 청중의 삶에 변화가 일어난다.

> **📖 확 인 하 기**
>
> 적용의 대표적 두 유형
> 1. 일반적 적용: 포괄적 영적 원칙 제시
> 2. 구체적 적용: 구체적인 실천방법 제시

지금까지 일반적 적용과 구체적 적용에 대해 알아보았다. 사실 이 두 가지에 대해 이해하고 잘 활용만 할 수 있다면 설교자는 적용에 대해 큰 어려움을 느끼지 않을 것이다. 그러나 적지 않은 신학생과 목회자가 적용에 대한 어려움을 호소하면서 더 쉬우면서도 구체적인 적용방법을 제시해줄 것을 요청한다. 자신의 잘못된 적용습관을 고치고 적용능력을 극대화하길 바라기 때문이다. 신학생들과 목회자들의 이런 필요를 인식하며 설교학자들은 잘못된 적용습관을 고치고 적용능력을 극대화할 수 있는 다양한 방법을 제시해 왔다. 이제 그중 중요한 두 가지 방법을 살펴보자.

적용의 힌트:
본문의 함의에 따른 적용

로빈슨은 효과적인 적용을 위해 설교자들에게 먼저 본문에서 다양한 함의(implication)를 발견해보라고 한다.[87] 이런 과정을 통해 설교자는 불가능한 적용은 배제하고, 적실한 적용을 발견해 청중에게 제시할 수 있다. 로빈슨이 말하는 적용과 관련되어 본문에 나타나는 함의는 모두 다섯 가지로, '필수적인' '개연성 있는' '가능한' '개연성 없는' '불가능한'이다. 로빈슨은 "간음하지 말라"는 출애굽기 20장 14절의 본문으로 다음과 같이 구체적인 예를 들었다.[88]

1) 필수적인 함의
당신의 배우자가 아닌 사람과 성적인 관계를 갖지 말라.
2) 개연성 있는 함의
당신의 배우자가 아닌 사람과 강한 친밀감을 갖는 것에 매우 주의해야 한다.

3) 가능한 함의

당신의 배우자가 아닌 사람과 정기적으로 어떤 모임에 참석하거나 어떤 장소에 가는 것을 주의해야 한다.

4) 개연성 없는 함의

어떤 경우라도 당신의 배우자가 아닌 사람과 점심을 먹어서는 안된다.

5) 불가능한 함의

당신은 다른 부부와 저녁 식사를 해서는 안 된다. 당신의 배우자가 아닌 사람과 같은 테이블에 앉아야 하기 때문이다.

로빈슨에 따르면 4, 5번의 경우는 적용으로 쓸 수 없다. 본문이 말하는 바도 아니고, 실천하기에도 불가능하기 때문이다. 그러나 1, 2, 3의 경우는 본문과 직·간접적으로 연결되어 있는 것들이기에 설교자가 적용으로 사용할 수 있다. 설교자는 이런 것들을 다음과 같은 표현과 함께 사용해 청중에게 효과적으로 적용할 수 있다.[89]

1) 필수적인 함의와 적용

설교자는 이런 경우 '이것이 원칙입니다'라고 말하며 다음과 같이 적용할 수 있다. "여러분, 배우자가 아닌 사람과 성적인 관계를 가져서는 안 됩니다. 이것은 불변하는 원칙입니다."

2) 개연성 있는 함의와 적용

개연성 있는 함의의 경우 '원칙은 분명합니다'라고 말한 후 그 원칙을 지키기 위해 실천해야 할 핵심사항을 제시하면 된다. "여러분

원칙은 분명합니다. 그렇다면 이 원칙을 지키는 한 방법으로 배우자가 아닌 사람과 강한 친밀감을 갖는 것에 매우 주의해야 합니다."

3) 가능한 함의와 적용

가능한 함의의 경우 '이 원칙은 다양한 사람과 상황에서 이렇게 적용될 수 있을 겁니다'라고 말하며 여러 가지 다양하고 구체적인 실천방법을 제시하면 된다. "여러분, 이 원칙은 다양한 사람과 상황에서 다음과 같이 적용될 수 있을 겁니다. 하나의 구체적인 적용은 배우자가 아닌 사람과 정기적으로 어떤 모임에 참석하거나 어떤 장소에 가는 것을 주의하는 것입니다."

로빈슨의 방법론처럼 설교자는 본문에 나타난 여러 가지 함의를 살펴보고 그에 따라 어떤 적용이 가능한지 생각해보아야 한다. 그후 그 함의에 따라 적절한 적용 문구를 사용해 그 효과를 더욱 증대시키면 된다. '필수적인' 함의처럼 본문 자체에서 적용점이 분명할 때 강하고 확신 있는 어구를 사용해 직접적으로 적용하라. 그러나 '가능한' 함의처럼 다양한 적용 중 하나로 무엇인가를 제시할 때, 언급된 것 외에 여러 적용점이 있다는 것을 청중이 느끼게 하라. 설교자가 제시한 적용을 모든 사람이 실천할 수 있는 것은 아니기 때문이다. 그래서 청중 스스로가 자신에게 맞는 적용을 찾을 수 있는 여지를 남겨두어야 한다.

적용의 재미:
적용 격자를 사용해 적용하라

이번에는 효과적인 적용을 찾는 방법 중 하나로 적용 격자(application grid) 사용법에 대해 알아보자. 비어맨은 설교자들이 정밀하고 적실한 적용을 찾을 수 있도록 아래의 '다이내믹 유추 격자'(dynamic analogy grid) 사용을 제안했다.[90]

· 다이내믹 유추 격자 ·

	인간의 필요/문제	하나님의 행동/해결	인간의 반응/순종
그때(then)	1	2	3
지금(now)	4	5	6
나/우리(me/us)	7	8	9

첫 번째 열: 본문 파악하기

비어맨에 따르면 설교자는 이 첫 번째 가로 열('then')의 번호(1, 2, 3)를 거치면서 설교 준비를 시작해야 한다. 이 첫째 열은 본문의 내용과 관련된 것이다. 설교자는 본문에 나타난 인간의 필요나 문제가 무엇이었는지 먼저 파악해야 한다(1). 그리고 그 필요를 채우고 문제를 해결하기 위해 하나님이 어떻게 행동하셨는지 파악한다(2). 그 후 이 과정에서 인간의 반응과 순종이 무엇이었는지 파악한다(3). 이렇게 1~3의 과정을 거치면서 설교자는 본문의 문화적 · 역사적 정황을 파악하고, 적용을 위한 영적 진리(biblical truth)와 영원한 진리(timeless truth)의 토대를 발견하게 된다.

두 번째 열: 연관성 발견하기

본문을 파악하는 과정이 끝나면 설교자는 두 번째 열('now')의 번호(4, 5, 6)를 거치면서 본문을 오늘날로 연결한다. 본문과 관련된 지금 이 시대의 필요와 문제가 무엇인지 생각해본다(4). 그리고 어떻게 하나님께서 이 시대에도 변함없이 그 필요를 채우시고 문제를 해결하시는지 파악한다(5). 그 후 하나님께서 지금 동일하게 원하시는 인간의 반응과 순종이 무엇인지 파악한다(6). 4~6의 과정을 거치면 설교자는 본문의 현재적 정황, 즉 연관성을 발견할 수 있다.

세 번째 열: 적용하기

설교자는 이제 마지막으로 세 번째 열('me/us')의 번호(7, 8, 9)를 거치면서 개인과 공동체에 제시할 적용을 찾는다. 먼저 설교자는 각 개인과 공동체의 구체적인 필요와 문제가 무엇인지 살핀다(7). 그 후 하나님께서 이 필요와 문제를 어떻게 채우고 해결하기 원하시는지 파악한다(8). 마지막으로 이를 위해 각 개인과 공동체가 어떻게 반응을 보여야 하고, 무엇을 구체적으로 순종해야 하는지 적용으로 제시한다. 이 과정을 거치면서 설교자는 구체적이고 적실한 적용을 찾을 수 있다.

이제 비어맨이 히브리서 1장 1절에서 2장 4절까지를 가지고 어떻게 다이내믹 유추 격자를 사용해 본문을 파악하고 연관성을 발견해 적용하는지 실례를 살펴보자.

첫 번째 열('그때')

(1) 본문의 문제: 1세기 히브리 기독교인들은 유대주의와 천사숭 배 사상에 빠질 위험에 처해 있었다.

(2) 하나님의 해결: 히브리서 저자를 통해 그리스도의 절대 우위 성과 그분을 통한 구원의 충족성을 알려주셨다.

(3) 인간의 순종: 그리스도가 어떤 분이신지 바로 알고 그분만 예 배하며 구원을 가볍게 생각하지 말아야 한다(2:3).

두 번째 열('지금')

(4) 오늘날의 문제: 오늘날 우리는 과거 종교로 회귀할 위험에는 빠지지 않을 것 같다. 그러나 우리 사회 저변에 스며있는 뉴에 이지나 각종 컬트에 빠질 위험에 처해 있다.

(5) 오늘날의 하나님의 해결: 어떤 종교와도 비교될 수 없는 그리 스도의 우위성과 구원의 유일한 길 되심을 이해해야 한다.

(6) 오늘날 인간의 순종: 우리의 시각을 그리스도에게 고정하고, 변함없이 그분만을 신뢰해야 한다.

세 번째 열('나와 우리')

(7) 나와 우리의 문제: 우리 주변의 사람들이 우리 사회의 미신 적 초자연주의에 혼란을 겪고 있으며 그리스도에 대해 잘 모 른다. 기독교인들도 잘못된 신학과 유행하는 사조에 흔들리곤 한다.

(8) 나와 우리를 위한 하나님의 해결: 히브리서를 통해 위대한 구 원을 강조하시며(2:3), 그리스도를 신뢰하라고 하신다. 그리스

도에게서 멀어지게 하는 잘못된 이단을 척결하고 구원의 유일한 권위와 소망이 되시는 그리스도를 중심으로 삼아 살아야 한다.

(9) 나와 우리의 순종: 실천 가능한 한 방법으로 정통교리에 대해 더욱 힘써 배우도록 하자. 맥도웰(Josh McDowell)의 책을 읽거나 교회에서 진행하는 그리스도에 대해 알아가는 성인 성경공부에 참여하도록 한다.

비어맨은 주로 가로 열의 순서(1~9)를 거치면서 설교를 준비하고 적용을 찾지만 종종 세로 열의 순서를 거치기도 한다고 한다. 즉 인간의 필요와 문제(1, 4, 7), 하나님의 행동과 해결(2, 5, 8), 인간의 반응과 순종(3, 6, 9)의 순으로 살피는 것이다. 가로 열의 순서로 갈 것인지, 아니면 세로 열로 갈 것인지는 자신에게 어떤 것이 효과적인지에 따라 설교자가 결정하면 된다. 어떤 방식을 택하든 본문의 의미가 명확해지고 오늘날로 연관이 이루어지도록 하자. 그것을 바탕으로 개인과 공동체가 무엇을 해야 하는지 구체적인 적용이 제시되면 되는 것이다.

그래도 어렵다면: 쉽고 효과적인 적용을 위한 조언

지금까지 효과적인 적용을 찾기 위한 두 가지 방법에 대해 살펴보았다. 로빈슨과 비어맨의 방법론의 장점은 분석적이고 논리적인 과정을 통해 설교자들에게 적용을 위한 세밀하며 정확한 길을 제시한다는 것이다. 그러나 분석적이고 논리적인 과정에 익숙하지 않은 설교자들에게는 이런 방법론이 오히려 혼란스럽고 적용에 대해 더 어려움을 느끼게 할 수도 있다. 앞에서 제시된 이론들을 최대한 숙지하되 다음과 같은 핵심사항을 중심으로 쉬우면서도 효과적인 적용을 시도해보자.

1. 본문에서 적용을 도출하라

이미 앞에서 여러 번 강조한 원칙이다. 로빈슨의 말처럼 "통찰력 있는 적용점의 토대는 본문의 정확한 주해"[91]다. 정확한 주해를 통해 얻은 본문의 내용과 관련 없는 적용은 잘못된 것이다. 본문의 내용을 먼저 정확히 파악하라. 그리고 본문을 오늘의 시대와 연관시키라. 이 작업이 끝나면 적용을 위한 준비가 끝난 것이다.

2. 적용의 위치를 결정하라

설교할 때 대지마다 적용을 제시할 수 있다. 세 개의 대지로 된 설교를 한다면, 각 대지마다 적용 제시가 가능하다는 것이다.[92] 대지가 분명한 연역식 설교를 할 때 대지별 적용이 가능하다. 그러나 모든 대지마다 꼭 적용이 있어야 하는 것은 아니다. 필요하다면 두세 개의 대지를 마치고 끝에 통합적으로 적용을 제시하는 것도 효과적인 방식이 될 수 있다.[93] 이런 방식은 주로 연역식보다는 귀납식 설교에 효과적이다. 연역식 설교와 귀납식 설교에서의 보편적 적용의 위치에 대해 도표를 통해 정리해보자.

연역식 설교			
서론			
대지 1	본문의 의미	연관성	**적용 1**
대지 2	본문의 의미	연관성	**적용 2**
대지 3	본문의 의미	연관성	**적용 3**
결론			

귀납식 설교		
서론		
대지 1 / 장면 1	본문의 의미	연관성
대지 2 / 장면 2	본문의 의미	연관성
대지 3 / 장면 3	본문의 의미	연관성
적용		
결론		

3. 일반적 적용을 할 것인지, 구체적 적용을 할 것인지 결정하라

각 대지에서 혹은 설교의 마지막에 적용을 할 때 일반적 적용을 할 것인지, 아니면 구체적 적용을 할 것인지 결정하라. 꼭 구체적 적용만을 고집할 필요는 없다. 때론 본문에서 발견된 영적인 원칙을 통해 일반적 적용을 할 수 있다. 그러나 일반적 적용만 제시할 때 적용의 효과가 떨어질 수 있음을 기억하라. 여러 일에 쫓기는 오늘날의 청중이 영적인 원칙에 따라 스스로 구체적인 적용점을 찾을 수 있을 것이라고 과신해서는 안 된다. 목자가 자신의 양을 가장 잘 안다. 설교자가 각 청중의 삶과 공동체의 상황을 고려해 구체적인 적용을 제시할 때 실천의 가능성은 커지고 변화가 일어날 것이다.

4. 적용할 다양한 청중에 대해 생각하라

어떤 것을 적용할 것인지 결정하기 전에 자신이 설교하게 될 청중에 대해 생각하라. 청중 안에는 다양한 사람이 섞여 있다. 남자와 여자, 젊은 세대와 장년 및 노년 세대, 학생과 직장인, 부자와 가난한 자, 성숙한 신앙인과 아직 믿음이 없거나 초보인 신앙인 등 다양한 그룹이 교회에 존재한다. 특정 적용을 제시할 때 각 그룹이 어떤 생각을 하게 될지 심사숙고하라. 그것이 각 그룹에게 과연 실천 가능한 적용이 될 수 있을지 스스로 평가해보라. 이를 위해 설교학자들이 조언하는 방식은, 설교를 준비할 때 청중 가운데 있는 중요한 그룹의 대표들을 자신의 상상력 공간에 초대하는 것이다.[94] 5명 혹은 10명 정도의 그룹 대표가 자신의 앞에서 설교를 듣고 있다고 가정하라. 어떤 적용을 했을 때 그들이 어떻게 반응할지, 그것을 실천할 것인지 아니면 그냥 흘려버릴지 등을 생각해보라. 이런 과정을 통해 설교자는 자신의 청중에 가장 적합한 적용을 발견할 수 있다.

5. 적용의 영역을 다양화하라

효과적인 적용을 위해 설교자가 할 수 있는 또 하나의 방법은 적용의 영역을 다양화하는 것이다. 설교자가 늘 개인적인 적용, 반대로 항상 대사회적인 적용만 할 때 적용의 편향성에 빠질 위험이 있다. 개인적 적용을 기본으로 하되 가정, 교회, 사회, 선교현장으로 적용의 영역을 다양화하라. 아래 그림을 확인해보자.

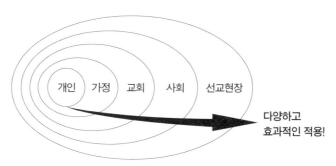

· 적용 영역의 다양화 ·

개인　가정　교회　사회　선교현장

다양하고
효과적인 적용!

　세 개의 대지로 된 설교의 경우 대지에 따라 다음과 같이 적용의 범위를 다양화할 수 있다. 첫 대지에서는 개인을 위한 적용을 제시한다. 두 번째 대지는 가정을 위한 적용을 제시한다. 세 번째 대지에서는 교회나 사회를 향한 적용을 제시할 수 있다. 이렇게 적용의 범위를 다양하게 함으로써 적용이 한쪽으로 편향되는 것을 피할 수 있다. 실례로 다음 구절을 가지고 적용의 영역을 다양화해보자.

　　"근신하라 깨어라 너희 대적 마귀가 우는 사자같이 두루 다니며
　　삼킬 자를 찾나니 너희는 믿음을 굳건하게 하여 그를 대적하라
　　이는 세상에 있는 너희 형제들도 동일한 고난을 당하는 줄을 앎
　　이라"(벧전 5:8-9).

　이 본문은 핍박받는 초대교회 성도들에게 주신 말씀이다. 그러므로 가장 적실한 적용은 공동체를 대상으로 한 적용일 것이다. 그럼에도 설교자는 공동체 외에 다음과 같이 적용의 범위를 바꾸어가며 다양하게 적용할 수 있다.

1) 개인

일반적 적용: 마귀의 시험과 공격에 무너지지 않기 위해 영적으로
　　　　　　깨어 있으라.

구체적 적용: 개인 묵상과 기도시간을 철저하게 지키라.

2) 가정

일반적 적용: 가정이 마귀의 공격에 쓰러지지 않도록 영적으로 깨
　　　　　　어 있으라.

구체적 적용: 가정을 마귀의 공격에서 지키기 위해 부모는 자녀들
　　　　　　을 위해 새벽이나 저녁에 기도하라. 어릴 때부터 자
　　　　　　녀들에게 말씀 읽기와 기도 등의 신앙훈련을 철저히
　　　　　　시키라.

3) 교회

일반적 적용: 분열과 세속화 등의 방법으로 끊임없이 교회를 공격
　　　　　　하는 마귀와 싸워 이기라.

구체적 적용: 교회가 어떤 마귀의 공격을 받고 있는지 말씀을 통
　　　　　　해 배우라. 다가오는 특별새벽기도를 통해 교회를 위
　　　　　　해 집중적으로 기도하라.

4) 사회

일반적 적용: 한국 교회가 잘못된 사회구조와 죄악의 세력에 빠
　　　　　　져 타락하지 않도록 성도들이 영적으로 깨어 있어야
　　　　　　한다.

구체적 적용: 이 민족과 나라를 위해 기도해야 하며, 이 사회가 타락에 빠지지 않도록 성도들이 사회적 정치적 감시그룹의 역할을 해야 한다.

5) 선교현장

일반적 적용: 마귀의 직·간접적 공격으로 영적 전투가 가장 치열하게 벌어지고 있는 선교현장을 위해 기도하며 실제적으로 도와야 한다.

구체적 적용: 매달 있는 선교기도회에 참석해 선교사들을 위해 기도하고, 다음 달 있을 특별헌금 시간을 통해 그들의 재정적 필요를 채워주어야 한다.

위에서 살펴본 것처럼 적용 범위에 따라 적용의 폭과 방법이 다양하게 바뀌는 것을 볼 수 있다. 적용의 보편적 출발점은 개인이다. 그러나 개인뿐 아니라 가정, 교회, 사회 같은 공동체를 설교자는 늘 염두에 두어야 한다. 본문의 내용을 먼저 파악하고 개인적 적용점이 무엇인지 생각해보라. 그 후 본문의 내용이 가정에서 선교현장까지 공동체적 차원에서 어떻게 적용될 수 있는지 고민해보라. 이런 과정을 거칠 때 설교자는 개인적 차원과 공동체적 차원을 아우르는 균형 있는 적용을 제시할 수 있다.

5장

강 단 위 의 친 구 ,
설 교 문 을 작 성 하 라

● 본문 묵상과 연구를 통해 본문의 의미
를 발견하고, 오늘날로 연관성을 놓고, 적용점까지 어느 정도 발견
했다면 이제 본격적으로 설교문을 작성할 때가 왔다. 지금까지 본
문, 연관성, 적용이라는 세 단계를 거쳐 왔다. 이것이 바탕이 된 설교
문을 작성하면 한 편의 본문이 이끄는 설교가 탄생된다. 물론 설교
문이 최종 완성되기 전 주요 세 요소인 본문, 연관성, 적용이 균형을
이루고 있는지 다시 살피고, 강화하고, 수정해야 한다. 실제로 많은
설교의 대가가 최종 설교문을 작성하기 전까지 필요하다면 본문의
특정 부분을 심화 연구한다. 때론 중심 메시지의 방향을 수정한다.
또한 적용의 범위와 방법을 계속 조정하기도 한다. 어떤 설교자가
좋은 설교 아이디어를 가졌다고 그것이 곧 설교로 만들어질 수 있는
것은 아니다. 막상 설교문을 쓰다 보면 처음 생각과 계획이 많이 수
정되는 것을 경험할 것이다. 그렇기 때문에 일단 어떤 시점이 되면

설교문 작성을 시작해야 한다. 그러면서 자신에게 맞는 설교문을 작성하기 위해 몇 가지 과정을 거치고 계속 수정하며 완성도를 높여나가야 한다. 이러한 과정을 이해하고 활용하기 위해 이 장에서 우리가 배워야 할 주요 세부주제는 설교 전달 형태 결정, 설교 개요 작성, 구체적 설교문 작성법이다.

멋진 옷을 입히자:
설교 전달 형태 결정

설교의 전달 형태는 크게 연역적, 귀납적, 혼합적 방식으로 나눌 수 있다.[95] 이 세 가지 가운데 어떤 설교 전달 형태를 사용할지는 설교자가 청중과 본문의 장르를 참고해 결정해야 한다. 청중을 생각해야 한다는 것은 그들의 이해 정도를 고려해 결정해야 한다는 의미다. 3대지 설교 등의 연역적 설교방식은 명확한 논리와 주제를 전달하는 데 효과적이다. 흔히 청중이 대지설교에 익숙하고, 명확한 메시지 듣는 것을 선호한다면 연역적 설교방식이 효과적이라고 말한다. 반면 청중이 설교를 들으면서 설교에 능동적으로 참여할 수 있는 이해력을 가졌다면 귀납적 설교방식을 택하는 것이 좋다고 말한다. 이러한 일반적인 조언이 틀린 것은 아니다. 그러나 청중보다 먼저 고려해야 할 것이 본문의 장르라는 것을 기억하라. 본문이 서신서처럼 연역방식으로 기록되었다면 연역방식의 설교 형태를 택해보라. 본문이 내러티브 형식이라면 귀납방식의 설교 형태를 시도해보라. 사실 본문의 장르에 따라 설교의 형태를 결정하는 것이 가장 자연스럽고 동시에 효과적이기 때문이다. 본문의 장르 형태를 파악하고 그에 따라 연역적 또는 귀납적 설교방식을 사용해보면 설교가 자연스럽게 흘러가고, 메시지가 힘 있게 전달되는 놀라운 경험을 할 것이다. 또한 연역적 방식과 귀납적 방식을 충분히 이해했다면 양쪽의 장점들을 사용해 혼합적 방식으로도 설교를 구성할 수 있다. 설교자가 주어진 본문에 따라 연역적, 귀납적, 혼합적 방식으로 설교를 구성할 수 있다면 설교가 상당한 수준에 오른 것이다. 그러나 이런 수준에 오르기까지는 지속적인 노력이 필요하다. 이제 설교의 세 형태에 대해 살펴보자.

> 📖 **확 인 하 기**
>
> 연역적, 귀납적, 혼합적 방식 중 어떤 설교 전달 형태를 사용할지는 설교자가 청중과 본문의 장르를 참고해 결정해야 한다.

1. 연역적 설교의 형태

연역적 형태의 설교는 주로 서신서 본문을 설교할 때 사용한다. 일반적으로 연역적 형태의 설교는 설교자가 초반부에서 먼저 일반적 명제나 설교요점을 제시한다. 그 후 설교자는 그것이 나오게 된 이유를 대지로 구성해 차례로 제시한다.[96]

〈연역적 설교 형태 _ 엡 6:1-3〉

1) 설교의 초반부에서 요점 제시

오늘 본문에 따르면 자녀들은 부모에게 순종하고 그들을 공경해야 한다.

그것이 하나님의 명령이며 약속된 복이 있기 때문이다.

2) 대지 구성 및 제시

대지 1. 자녀들은 부모에게 순종하고 그들을 공경해야 한다
(1-2a절).

대지 2. 순종과 공경은 명령이다(2b절).

대지 3. 순종하고 공경할 때 잘되고 장수한다(3절).

연역적 형태 설교의 장점은 명확성이다. 설교자가 서론에서 설교의 요점을 제시하기 때문에 처음부터 청중이 본문의 내용을 분명하게 파악할 수 있다. 단점은 이미 결론적 진술이 요점으로 서론에서 제시되었기 때문에 청중의 집중도가 떨어질 수 있다.

2. 귀납적 설교의 형태

귀납적 형태의 설교는 주로 내러티브 본문을 설교할 때 사용한다. 일반적으로 귀납적 형태의 설교는 설교자가 먼저 본문의 내용을 대지 또는 더 많은 경우 장면(scene)으로 제시한다. 그 후 설교자는 제시된 대지나 장면을 종합해 본문의 결론을 제시한다.[97]

〈귀납적 설교 형태 _ 행 16:6-10〉

1) 설교의 초반과 중반까지 본문의 내용과 관련된 대지 혹은 장면 전개

장면 1. 성령이 아시아의 사역도, 북상 루트도 막으심(6-7절)

장면 2. 드로아에서 환상을 보여주심(8-9절)

장면 3. 마게도냐로 떠나기를 힘씀(10절)

2) 설교의 마지막 부분에서 본문의 결론 제시

하나님은 더 좋은 계획, 즉 유럽선교가 있어 바울의 소아시아 전도를 막으셨다.

하나님이 우리보다 더 좋은 계획을 가지고 계실 때 우리의 것을 막으신다.

귀납적 형태의 설교는 설교자가 본문의 결론을 끝에서 말하기 때문에 청중의 집중력을 마지막까지 유지할 수 있다는 장점이 있다.[98] 그러나 설교자가 본문의 장면 구성과 진행을 잘하지 못할 경우 청중이 설교의 핵심 메시지를 파악하지 못할 수 있다. 또한 설교자가 본문의 내러티브에 적절한 연관성과 적용을 제시하지 못하면 청중은 설교가 아닌 단지 하나의 성경 이야기를 들었다고 생각할 수도 있다.

3. 혼합적 설교의 형태

혼합적 설교는 연역적 설교의 형태와 귀납적 설교의 형태를 섞은 것이다. 혼합식 설교의 형태는 다양하다. 대표적인 방식이 내러티브 본문을 몇 개의 대지로 만드는 것이다. 반대로 서신서 같은 연역적 방식의 본문에 내러티브 형식을 가미해 귀납적으로 풀어나갈 수도 있다.[99]

〈혼합식 설교 형태_ 행 16:6-10〉

1) 설교 초반에서 이야기의 대략적인 방향 혹은 설교의 요점 중 일부 제시

  오늘 본문내용은 하나님께서 바울의 계획을 막고 거절하신 것이다.

  하나님께서 우리의 계획을 막으실 때는 선한 이유가 있기 때문이다.

2) 본문의 장면 및 각 장면의 소결론 제시

  대지 1. 아시아의 사역도, 북상 루트도 막으심(6-7절)

    하나님은 자신의 계획이 있을 때 우리의 계획을 막으신다.

  대지 2. 드로아에서 환상을 보여주심(8-9절)

    하나님은 우리의 것을 막으실 때 자신의 것을 보여주신다.

  대지 3. 마게도냐로 떠나기를 힘씀(10절)

    하나님의 계획을 알고 그것에 순종하면 그분의 새 역사를 경험한다.

  혼합적 설교의 장점은 귀납적 설교 형태가 갖는 집중력과 연역적 설교 형태가 가진 명확성을 동시에 확보할 수 있다는 것이다. 그러나 설교자가 이 형식에 대한 완전한 이해와 훈련이 되어 있지 않으면 설교가 산만해질 수 있다. 먼저 순수 연역적 방식과 귀납적 방식을 충분히 연습해보라. 그리고 두 방식의 차이와 장·단점을 충분히

느껴보라. 그 후에 양쪽의 장
점을 취해 혼합식으로 설교를
시도해보면 된다.

설교를 보다:
설교개요 작성

설교개요는 성경본문을 토대
로 청중과 이 시대의 상황을 고
려해 메시지를 어떻게 효과적
으로 전달할 것인지를 개요 형
태로 구성한 것이다. 종종 주해

개요와 설교개요를 혼동하는 사람이 있다. 채플은 이런 혼동을 없애
기 위해 다음과 같이 둘의 차이를 정확히 구분해 정의했다. "주해개
요는 본문이 말하고 있는 것을 명확하게 정리한 것이다. 반면 설교
개요는 청중에게 본문의 의미를 어떻게 최선으로 전달할 것인가를
명확하게 정리한 것이다."[100] 더 쉽게 구체적으로 말하면 설교개요
는 본문의 내용을 어떤 방식으로 풀어나갈지, 연관성을 어떻게 놓을
것인지, 어떻게 적용할 것인지를 간단하게 정리한 것이다. 아래의
다이어그램을 통해 확인해보자.

설교개요

주해개요
본문 의미

➡️

주해개요
+
본문 풀이 방식
연관성, 적용

위에서 보는 것처럼 설교개요는 기본적으로 주해개요에 바탕하고 있지만 더 많은 요소를 포함하고 있다. 설교개요는 주해개요에는 없는 청중과 상황에 관련된 여러 요소들, 즉 본문 풀이 방식, 연관성, 적용을 포함하고 있기 때문이다.

이제 설교자가 설교개요에서 세부적으로 무엇을 해야 하는지 살펴보자. 첫째, 설교자는 설교개요에 본문을 어떤 방식으로 풀어나갈지 결정하고 기록해야 한다. 즉 어떤 방식으로 본문을 설명할 것인지, 어떤 예화를 사용할 것인지, 어떻게 본문을 증명할 것인지 간략히 기록해두는 것이다. 둘째, 설교자는 설교개요에 어떻게 본문을 이 시대와 연관시킬 것인지 결정하고 기록해야 한다. 셋째, 설교자는 설교개요에 본문의 메시지를 어떻게 청중에게 적용할 것인지 결정하고 기록해야 한다. 적용의 영역과 범위에 대해 간략히 기록해둔다. 설교개요에 포함되어야 할 이 세 가지는 설교문을 작성하기 전까지 언제든 바뀔 수 있다. 그러므로 너무 부담을 갖지 말고 일단 자신이 가지고 있는 생각을 간단하게 적으면 된다.

설교개요를 작성할 때 중요한 점은 설교의 흐름을 한눈에 볼 수 있게 작성하는 것이다. 한눈에 보기 쉽도록 보통 설교개요를 서론,

본론, 결론의 형태로 작성한다. 설교개요를 작성할 때 일단 서론과 결론은 남겨두고 본문 구성을 먼저 하라. 서론과 결론은 마지막에 작성하는 것이 효과적이다. 물론 설교개요를 작성할 때 자신이 가지고 있는 서론과 결론에 대한 아이디어가 있다면 간단하게 적어둔다. 설교개요의 본문을 작성한 뒤 서론과 결론을 작성할 때 그것이 좋으면 사용하도록 하라. 반면 본문 구성을 마치고 서론과 결론에 대해 더 좋은 생각이 떠올랐다면 처음 것을 버리고 그것을 사용하면 된다. 일단 설교개요를 작성할 때 서론과 결론은 간단한 아이디어만 적어두고 본문 구성에 신경을 써야 한다.

설교개요를 작성하면서 설교자가 가장 전력해야 할 부분은 본문의 대지(point)를 잡는 것이다. 앞에서 말한 것처럼 주해개요를 기초로 해서 설교의 대지를 발전시키라. 내러티브 본문의 경우 장면으로 개요를 작성해도 된다. 설교개요의 대지를 단어 혹은 간단한 어구로 표현해도 좋지만, 가능하면 로빈슨이 조언한 것처럼 완전한 문장으로 작성하라.[101] 대지를 완전한 문장으로 작성해야 전하고자 하는 내용이 분명해지기 때문이다. 또한 설교를 할 때도 대지가 완전한 문장으로 작성되어 있으면 설교자가 말을 어떻게 해야 할지 고민할 필요가 없다. 작성한 문장대로 명확하게 전달만 하면 된다. 그뿐 아니라 곧 살펴보겠지만 대지가 완전한 문장으로 되어 있어야 후에 이것을 영적인 문장으로 바꾸기가 쉽다.

설교개요의 주요 대지를 작성했다면 이제 주요 대지를 뒷받침하는 소대지(subpoint)를 만들라. 주해개요에는 없지만 설교의 자연스러운 흐름을 위해 추가 대지도 만들 수 있다. 소대지는 완전한 문장, 혹은 간략한 어구로 작성해도 된다. 대지와 소대지가 완성되었으면 이제 그것들을 어떻게 풀어갈 것인지(설명, 증명, 예화 등)와 연관성 및 적용을 간략히 기록하라. 이 작업이 끝나면 설교개요가 완성된다. 아래에서 에베소서 6장 1-3절을 통해 주해개요를 어떻게 설교개요로 발전시키는지 살펴보자. 먼저 본문의 주해개요를 살펴보자.

〈엡 6:1-3 주해개요〉

1. 자녀들이 부모에게 해야 할 것(1-2a절)
   1) 주 안에서 부모에게 순종해야 한다(1절)
   2) 부모를 공경해야 한다(2a절)
2. 그렇게 해야 하는 이유(2b절)
   1) 첫 계명이기 때문이다
   2) 약속이 있는 계명이기 때문이다
3. 그렇게 할 때의 결과(3절)
   1) 잘될 것이다(3a절)
   2) 장수할 것이다(3b절)

이제 주해개요를 바탕으로 설교개요를 작성해보자. 먼저 설교자는 자신이 작성한 주해개요를 토대로 대지와 소대지를 만든다. 아래의 예에서 세 개의 대지와 각 대지에 소대지들이 만들어졌다. 주요 대지와 소대지가 만들어졌으면 그것을 어떻게 풀어나갈 것인지, 즉 설명, 논증, 예화 등의 방법 중 어떤 것을 사용할 것인지 결정해서 적는다. 아래의 예에서 첫 대지에서는 본문 풀이 방식으로 명령법과 문장강화 기법에 대한 설명을 사용할 것이라고 적었다. 두 번째 대지에서는 설명과 예화를 사용할 것이라고 적었다. 이제 본문 풀이 방식을 계획했으면 어떻게 연관성을 놓고 적용할 것인지 기록한다. 아래 예에서 각 대지에 연관성과 적용이 들어가 있는 것을 볼 수 있다. 이렇게 설교개요를 완성하고 나면 설교자는 본문을 어떻게 설교할 것인지 한눈에 볼 수 있게 된다.

〈엡 6:1-3 설교개요〉

I. 서론
　힘들지만 신앙 안에서 끝까지 부모를 섬겼던 K 집사님

II. 본론
　1. 성경은 부모에게 순종하고 그들을 공경하라고 한다(1-2a절)
　　1) 부모에 대한 순종은 명령이다(1절)
　　　설명: 헬라어 명령법과 문장강화 기법-'옳으니라'
　　2) 부모에 대한 공경은 명령이다(2a절)
　　　설명: 헬라어 명령법과 율법을 통한 메시지 강조법
　　　- 연관: 오늘날도 성경을 모르는 사람들 역시 효도를 당연하게
　　　　　　여긴다.
　　　- 적용: 성도는 불신자보다 더 부모에게 효도해야 한다.

　2. 부모 순종과 공경의 이유는 약속이 있는 첫 계명이기 때문이다(2b
　　절)
　　1) 부모 순종과 공경은 인간관계의 첫 계명이다

설명: 십계명의 구성과 첫 계명의 중요성

2) 약속이 있는 계명이다

예화: 부모 사랑이 왜 모든 인간관계의 근본인가?

- 연관: 그때나 지금이나 인간관계에서 가장 기본 중의 기본은 부모와의 관계다.

- 적용: 명령과 계명이므로 머리뿐 아니라 마음과 손으로 실천하자.

3. 부모 순종과 공경을 통해 축복의 약속을 경험하라(3절)

1) 삶이 잘될 것이다(3a절)

설명: 헬라어 '잘되고'의 의미

2) 장수할 것이다(3b절)

- 연관: 우리 주변에는 신기하게 들리는 이 축복의 약속을 실제로 누리는 분이 있다.

- 적용: 부모와 교회 어르신을 섬겨 복을 누리는 한 해가 되자.

III. 결론

K 집사님의 부모 섬김의 결과

성경본문 내용을 바탕으로 설교를 어떻게 구성하고 전달할 것인지에 대한 계획인 설교개요를 완성했다. 잘 작성된 설교개요는 설교의 방향을 분명하게 보여준다. 그러나 아직 개요 형태로 남아 있기 때문에 설교자가 이것만 가지고 설교하기는 쉽지 않다. 이제 설교개요를 바탕으로 설교문을 작성해야 한다.

결과를 보다: 설교문 작성법

잘 작성된 설교 원고는 전쟁터에 서있는 병사의 좋은 무기와 같다. 치열한 전쟁 중에 좋은 무기를 가진 병사는 승리할 확률이 높다. 곧 영적 전투가 치열하게 벌어질 설교단에 오를 때 설교자가 반드시 손에 들고 있어야 할 것이 바로 잘 준비된 설교문이다. 완성도 높은 설교문을 작성하기 위해 설교자는 다음과 같은 여섯 가지 과정을 이해하고 활용해야 한다.

1. 설교문의 종류 이해하고 자신에게 맞는 것 결정하기
2. 영적인 문장 작성하기
3. 설교문 보강하고 강화하기
4. 각 대지의 요점 반복하기
5. 서론과 결론 완성하기
6. 제목 결정하기

명설교문은 저절로 태어나지 않는다. 위에 제시된 여섯 가지 중점을 기억하면서 꾸준히 연습해야 완성도 높은 설교문을 작성할 수 있다. 이제 설교문을 작성할 때 이해하고 활용해야 할 여섯 가지 중점을 하나씩 살펴보자.

> ☼ 깨달음과 통찰
>
> 잘 작성된 설교 원고는 전쟁터에 서있는 병사의 좋은 무기와 같다. 치열한 전쟁 중에 좋은 무기를 가진 병사는 승리할 확률이 높다.

중점 1. 설교문의 종류 이해 및 결정

설교문을 작성할 때 가장 먼저 해야 할 것은 설교문의 종류를 이해하고 자신에게 맞는 것을 선택하는 것이다. 설교문의 종류는 크게 세 가지, 즉 개요원고, 완전원고, 부분원고로 나뉜다. 설교자는 먼저 각각의 설교문이 어떤 특징과 장단점을 가지고 있는지 정확하게 이해해야 한다. 그 후 어떤 것이 자신에게 가장 적합한 설교문인지 결정해야 한다.

(1) 개요원고

개요원고는 설교개요 혹은 설교개요를 약간 발전시킨 것이다.[102] 에베소서 6장 1-3절의 설교개요에 약간 살을 붙인(서론과 결론 부분) 아래 개요원고의 예를 살펴보라. 개요원고의 장점은 설교의 흐름을 한눈에 파악할 수 있다는 것이다. 또한 설교의 세부사항이 적혀있지 않은 간략한 개요로만 작성하기 때문에 완전원고에 비해 작성시간이 덜 소요된다. 또한 원고에 매이지 않고 설교할 때 생각나는 것들을 자유롭게 전달할 수 있다. 그러나 개요원고를 사용할 경우 본문 이탈 현상이 나타날 위험이 있다. 간단한 개요만을 가지고 있기 때문에 설교할 때 잘 준비되지 않은 내용이나, 설교자의 주관적 메시지가 전해질 확률이 높다. 이런 이유에서 설교를 처음 배우는 사람은 개요원고를 사용하지 않는 것이 좋다. 개요원고는 설교의 경험이 많고, 본문에 대해 상당한 연구를 한 설교자가 사용할 수 있는 선택이다.

⟨개요원고의 예 _ 엡 6:1-3⟩

I. 서론

예화: 부모를 소홀히 여기는 시대에 작은 빛 같은 한 분

신앙 안에서 힘들지만 끝까지 부모를 섬겼던 K 집사님

II. 본론

1. 성경은 부모에게 순종하고 그들을 공경하라고 한다(1-2a절)

1) 부모에 대한 순종은 명령이다(1절)

설명: 헬라어 명령법과 문장강화 기법-'옳으니라'

2) 부모에 대한 공경은 명령이다(2a절)

설명: 헬라어 명령법과 율법을 통한 메시지 강조법

- 연관: 오늘날도 성경을 모르는 사람들 역시 효도를 당연하게

여긴다.

- 적용: 성도는 불신자보다 더 부모에게 효도해야 한다.

2. 부모 순종과 공경의 이유는 약속이 있는 첫 계명이기 때문이다(2b절)

1) 부모 순종과 공경은 인간관계의 첫 계명이다

설명: 십계명의 구성과 첫 계명의 중요성

2) 약속이 있는 계명이다

예화: 부모 사랑이 왜 모든 인간관계의 근본인가?

- 연관: 그때나 지금이나 인간관계에서 가장 기본 중의 기본은

부모와의 관계다.

- 적용: 명령과 계명이므로 머리뿐 아니라 마음과 손으로 실천

하자.

3. 부모 순종과 공경을 통해 축복의 약속을 경험하라(3절)

　　1) 삶이 잘될 것이다(3a절)

　　　설명: 헬라어 '잘되고'의 의미 설명

　　2) 장수할 것이다(3b절)

　- 연관: 우리 주변에는 신기하게 들리는 이 축복의 약속을 실제
　　로 누리는 분이 있다.

　- 적용: 부모와 교회 어르신을 섬겨 복을 누리는 한 해가 되자.

III. 결론

예화: K 집사님의 부모 섬김의 결과

부모를 소홀히 여기는 시대에 성도가 부모 순종과 공경에 모범
이 되어야 한다.

(2) 완전원고

완전원고는 설교할 모든 내용을 빠짐없이 쓴 것이다. 설교자가 완
전원고를 사용할 경우 다음과 같은 장점을 경험할 수 있다.[103] 먼저
설교의 내용을 잘 구성했다면 논리적 비약 없이 안정적인 설교 전달
을 할 수 있다. 또 완전한 문장으로 원고를 썼기 때문에 표현의 실수
를 줄일 수 있으며, 원고분량을 보면 정확한 설교시간을 예측할 수
있다. 그뿐 아니라 완전원고는 약간만 수정하면 차후 주보 글이나
책으로도 출판이 가능한 이점이 있다.

반면 완전원고는 작성할 때 시간이 많이 걸린다는 단점이 있

다.[104] 그뿐 아니라 설교자가 원고에 매이는 경향이 있다. 즉, 원고를 보다 청중 보는 것을 등한시하는 경향이 나타난다. 이런 단점을 극복하려면 원고를 미리 작성하고 여러 번 읽어 충분히 내용을 숙지해야 한다. 또 하나의 단점은 설교할 때 성령께서 주시는 깨달음이 있음에도 원고에 없기 때문에 그것을 전달하기 주저한다는 것이다. 설교할 때 성령께서 주시는 모든 깨달음을 전할 필요는 없다. 그러나 최선을 다해 설교문을 준비했고, 그것을 어느 정도 숙지했다면 원고에 없을지라도 설교 때 성령이 주시는 깨달음을 전해보라. 그것이 청중에게 은혜가 되었다면 설교를 마치고 원고에 기록해두라. 이렇게 할 때 더 좋은 원고가 탄생하게 된다.

설교를 처음 배우는 신학생이나 자신의 설교를 발전시키기 원하는 목회자는 완전원고를 작성하는 것이 좋다. 시간은 상당히 걸리지만 논리적 균형과 언어의 정교함 및 신학적 깊이를 훈련할 수 있기 때문이다. 다음 예를 통해 완전원고가 무엇인지 살펴보자.[105]

〈완전원고의 예 _ 몬 16-18절〉

I. 서론

현재 한국사회는 대화를 기반으로 여러 분야의 갈등을 해소하기 위해 노력하고 있습니다. 그러나 이런 노력들이 구체적인 열매를 맺기는 쉽지 않아 보입니다. 한 예로 노사관계는 늘 풀기 어려운 과제로 언급됩니다. 이익을 창출하고 분배하는 과정에서 서로의 입장과 그에 따른 정책들이 심각한 갈등을 만들어내기 때문입니다. 다양한 노사문제와 산업체들의 갈등관계가 소위

'갑을관계'로 표현되며 이슈화되고 있습니다. 이에 정부와 각종 경제단체들이 다양한 노력을 통해 갑을관계 갈등의 해결점을 찾고 있습니다. 그렇다면 우리 그리스도인들은 어떤 관점으로 노사관계 및 갑을관계를 바라보아야 할까요? 우리가 몸담고 있는 일터에서 우리는 이 문제를 구체적으로 어떻게 풀어가야 할까요? 오늘 본문에서 바울은 우리에게 조용하지만 분명하고 깜짝 놀랄 만한 제안을 하고 있습니다. 자, 이제 본문을 살펴봅시다.

II. 본론

1절에 따르면 편지의 저자는 바울입니다. AD 60~70년경 바울이 감옥에서 이 편지를 쓴 것으로 보입니다. 수신자는 빌레몬인데, 그는 골로새 교회의 지도자이며 바울의 동역자였습니다. 바울은 이 편지를 통해 빌레몬에게 무엇인가를 간곡히 부탁했습니다. 그것은 바로 오네시모의 문제였습니다. 편지의 주요 내용은 오네시모를 다시 빌레몬에게 보내겠다는 것이었습니다. 16절에 따르면 오네시모는 빌레몬의 '종'이었습니다. 당시 사회에서 종이나 노예는 흔히 '말하는 짐승'으로 여겨졌습니다. 현대사회의 고용주와 고용인의 관계와는 비교할 수 없는 불변의 상하관계였습니다. 지금으로 말하면 종은 주인 앞에 '을'입니다. 영원한 '을'이었습니다. 반면 주인은 종의 목숨까지 좌지우지할 수 있는 위치였습니다. '갑'인 것입니다. 그것도 '슈퍼 갑'이었습니다.

그런데 궁금함이 생깁니다. 어떻게 빌레몬의 종 오네시모가 바울을 알게 된 것일까요? 자세한 상황은 모르나, 많은 주석가가 다음 구절을 통해 그 답을 찾을 수 있다고 생각합니다. "그가 만일 네게 불의를 하였거나 네게 빚진 것이 있으면 그것을 내 앞으로 계산하라 나 바울이 친필로 쓰노니 내가 갚으려니와 네가 이외에 네 자신이 내게 빚진 것은 내가 말하지 아니하노라"(18-19절). 바울은 오네시모가 빌레몬에게 재정적 손해를 끼친 것이 있으면 자신에게 청구하라고 말했습니다. 그러니 아마 오네시모가 빌레몬 밑에 있을 때 그의 재산에 불의한 일, 즉 재산을 빼돌리거나 훔쳤던 것 같습니다. 그때나 지금이나 재정 횡령은 심각한 범죄입니다. 심한 처벌을 받을 것이 뻔했기에 오네시모가 도주했던 것 같습니다. 그는 당시 범죄자들이 그랬듯이 지중해 연안을 숨어다니다 그 지역의 로마 군인에게 잡혀 결국 감옥 신세를 지게 된 듯합니다. 오네시모는 이제 약자 '을'일 뿐 아니라, 처벌을 피해갈 수 없는 범죄자 '을'이 되었습니다.

〈중략〉

III. 결론

우리 시대에 이런 바울의 가르침을 실천하고자 노력하는 그리스도인 사업가가 필요합니다. 무조건 고용인을 이해하고 용서하고 손해까지 감수해야 한다는 것은 아닙니다. 성경이 제시하는 이런 예를 통해 자신의 모습을 돌아보고 고민해보며 좋은 그리스도인 기업가가 되기 위해 노력해야 한다는 것입니다. 이런 성숙한 사람이 많아질 때 우리 사회는 지금과 다른 모습으로 조금씩 변해갈 것입니다. 그리스도인 기업가들이 실수한 개인과 관련 사업체에게 다시 가르쳐주고, 기회를 주며, 원래의 모습으로 가능성을 꽃피울 수 있도록 도와준다면 조용하지만 분명한 변화가 경제계에서 시작될 것입니다.

빌레몬은 바울의 당부대로 오네시모를 형제로 받아들였을까요? 대부분의 주석가는 그랬을 것이라고 봅니다. 바울은 이미 빌레몬의 순종을 너무나도 확신하고 있었기 때문입니다. "나는 네가 순종할 것을 확신하므로 네게 썼노니 네가 내가 말한 것보다 더 행할 줄을 아노라"(21절). 정말 놀랍습니다. 당시 사회에서의 주종관계가 그리스도 안에서의 형제관계로 변한 것입니다! 이 엄청난 주종관계의 반전을 우리 또한 경험할 수 있을까요? 실수하는 개인과 관련업체에게 다시 가르쳐주고, 기회도 주며, 일어설 수 있는 힘까지 주는 그런 형제관계를 우리의 일터에서 만들어낼 수 있을까요? 쉽지 않지만 이런 놀라운 일들이 그리스도인들의 일터에서 일어나 믿음의 파장이 주변 사람들과 경제계에 기분 좋은 소문으로 들려지기를 기대해봅니다.

(3) 부분원고

부분원고는 완전원고와 개요원고의 중간 형태다.[106] 부분원고는 설교의 각 대지가 완전문장으로 되어 있다. 대지를 완전문장으로 작성함으로써 설교의 주요 흐름을 놓치지 않고 정확히 전달하려는 것이다. 또한 중요한 강조점이나 세밀함이 요구되는 표현들도 완전문장으로 작성한다. 나머지 부분은 개요원고처럼 자유롭게 전달할 수 있도록 간단히 기록해둔다. 부분원고는 설교자가 메시지의 정교함과 자유로움을 동시에 가질 수 있는 장점이 있다. 그러나 부분원고를 작성하고 효과적으로 사용하기 위해서는 지속적인 노력이 필요하다. 부분원고가 완전원고와 개요원고의 장점을 모두 가질 수 있으나, 적절하게 작성하지 않았을 때는 이도 저도 아닌 애매한 형태의 설교문이 될 수 있다. 아래 예를 통해 부분원고가 무엇인지 살펴보자.

〈부분원고의 예 _ 삼상 17:31-40〉[107]

I. 서론

오늘 본문을 펼치면 떨고 있는 왕과 그의 백성을 볼 수 있습니다.

바로 블레셋 앞에서, 골리앗 앞에서 떨고 있는 사울과 이스라엘 백성입니다.

"사울과 온 이스라엘이 블레셋 사람의 이 말을 듣고 놀라 크게 두려워하니라"(11절).

이렇게 세상 앞에서 떨고 있는 모습이 바로 우리의 모습 아닙니까?

　(1) 묘사: 세상 앞에서 위축된 교회들

　(2) 묘사: 직장에서 떨고 있는 성도들

본문을 통해 과연 우리가 어떻게 세상을 이길 수 있는지 살펴보겠습니다.

II. 본론

첫째, 세상을 이기기 위해 우리는 자신의 '물매'를 선택해야 합니다.

(1) 우리가 골리앗처럼 거대한 세상을 이기기 위해서는 자신의 물매를 선택해야 합니다.

(2) 다윗은 왕의 무기를 선택한 것이 아니라 자신의 물매를 선택해 골리앗과 싸웠습니다.

   1) 사울의 갑옷을 벗어버리다(38-39절)

    반복 단어 설명: "익숙"(39절)

   2) 그 후 자신에게 익숙한 것, 자신만의 것 '물매'를 가지고 간다(40절)

 - 연관: 다윗의 물매는 오늘 우리에게 무엇입니까?

    내게 익숙한 것, 내가 잘하는 것, 내게 주신 은사입니다.

    은사로서의 물매 설명

    (예화) 자신만의 은사로 직장과 교회에서 인정받는 P 집사님

 - 적용: 다른 사람의 것을 부러워하지 말고 하나님께서 주신 자신만의 물매를 발견하십시오.

둘째, 세상을 이기기 위해 우리는 위대한 결단을 해야 합니다.

〈중략〉

III. 결론

오늘날에도 거대한 골리앗은 존재합니다. 여전히 하나님의 이름과 그의 백성인 성도를 비웃고 위협하는 세상입니다. 우리도

다윗처럼 골리앗 같은 세상을 이길 수 있습니다.

다시 한 번 중요 대지 제시하기:

(1) 우리에게 주신 자신만의 물매를 발견합시다.

(2) 하나님을 위해 싸우겠다는 위대한 결심을 합시다.

(3) 하나님의 이름, 그분의 능력을 의지하며 싸웁시다.

이렇게 할 때 우리 앞의 거대한 골리앗은 반드시 쓰러질 것입니다.

> ### 🔖 확인하기
> • 개요원고: 설교개요 혹은 설교개요를 약간 발전시킨 것
> • 완전원고: 설교할 모든 내용을 빠짐없이 쓴 것
> • 부분원고: 완전원고와 개요원고의 중간 형태

중점 2. 영적인 문장 만들기

종종 논리는 있는데 마음에 남지 않는 설교문이 있다. 또한 많은 신학적 지식이 사용되었는데 기억되지 않는 설교문이 있다. 이런 설교문의 공통점은 영적인 깊이와 통찰이 빠져 있는 것이다. 어떻게 하면 영혼을 울리는 설교문을 작성할 수 있을까? 중요한 방법 중 하나가 설교문에 '영적 문장'(SS: Spiritual Sentence)을 사용하는 것이다.

설교학자들은 설교의 중요한 메시지를 청중이 기억하도록 설교자에게 '기억하기 쉬운 문장'(MS: Memorable Sentence)을 사용하라고 조언한다.[108] 설교개요 혹은 설교문을 작성할 때 주요 대지들, 혹은 메시지의 핵심을 기억하기 쉬운 문장으로 작성하라는 것이다. 이 문장은 본문에 충실하고, 마음에 와닿으며, 기억에 쉽게 남는 문장이어야 한다. 그러나 나는 이런 문장을 '기억하기 쉬운 문장'이라고 부

르고 싶지 않다. 우리가 매일 접하는 광고나 정치선전에도 이런 문장들이 사용되고 있기 때문이다. 오히려 영적인 깨달음을 준다는 의미에서 영적 문장이라고 부르고 싶다. 이 영적인 문장은 본문의 영적 깊이와 깨달음을 언어의 정교함과 아름다움으로 함축한 문장이다. 이것을 사용할 때 사람들의 마음에 메시지가 깊이 남는 것을 경험할 수 있다. 이런 영적 문장을 만들기 위해서는 문화적이고 문학적인 노력도 필요하지만 더 근본적으로는 지속적인 본문묵상과 기도가 필요하다. 청중의 마음을 울리는 영적 문장은 설교자의 지속적인 영적 활동을 통해 만들어지기 때문이다.

이제 앞에서 살펴본 출애굽기 13장의 주해개요로 영적 문장을 만들어보자. 먼저 앞에서 정리한 주해개요의 큰 뼈대를 살펴보자.

〈주해개요_ 출 13:17-22〉

1. 이스라엘을 블레셋 길이 아닌 광야의 길로 인도하시는 하나님
   (17-18절)
2. 요셉의 유골을 가지고 행진함(19절)
3. 숙곳을 떠나 에담에 장막을 침(20절)
4. 구름 기둥과 불 기둥이 인도함(21-22절)

이제 이 주해개요의 큰 뼈대에 영적 문장이라는 살을 붙여보자. 기도하고 묵상하면서 본문에 충실하면서도 함축적이고 마음에 남는 문장으로 작성하면 된다. 한 번에 작성할 수도 있지만 시간이 필요한 경우가 더 많다. 계속 기도하고 본문을 묵상하면서 가장 적합

한 영적 문장을 찾으면 된다. 주해개요에 영적 문장을 추가한 아래의 예를 보라.

〈영적 문장 만들기_출 13:17-22〉

1. 이스라엘을 블레셋 길이 아닌 광야의 길로 인도하시는 하나님 (17-18절)

   SS: "약속을 주신 하나님은 광야도 주신다."

2. 요셉의 유골을 가지고 행진함(19절)

   SS: "하나님의 약속은 죽음을 넘어 행진한다."

3. 숙곳을 떠나 에담에 장막을 침(20절)

   SS: "광야의 삶에도 쉼은 있다."

4. 구름 기둥과 불 기둥이 인도함(21-22절)

   SS: "하나님의 그늘과 따뜻함을 광야에서 배우다."

설교할 때 영적 문장을 언제 말해야 할까? 다음과 같이 대지를 말하고 바로 그 대지의 영적인 의미 요약으로 제시할 수 있다. "본문 17, 18절을 보니 하나님께서 이스라엘을 블레셋 길이 아닌 광야의 길로 인도하십니다. 그렇습니다. 약속을 주신 하나님은 광야도 주십니다." 이렇게 한 후 대지의 내용을 구체적으로 설명하며 설교를 진행하면 된다. 또 다른 방식은 대지를 말하고 그 내용을 설명한 뒤 그것의 요약과 교훈으로 영적 문장을 제시하는 것이다. "본문 17, 18절을 보니 하나님께서 이스라엘을 블레셋 길이 아닌 광야의 길로 인도하십니다. 블레셋 길이 가까울지라도 아직 이스라엘이 전쟁을 할 수 있는 훈련이 되어 있지 않았기 때문입니다. 그래서 홍해를 건너며 하나님의 능력을 경험하고, 광야에서 여러 훈련을 통해 영적으로 준비될 필요가 있었습니다. 이런 이유에서 가나안 땅을 약속하신 하나님은 광야라는 훈련의 길로 이스라엘을 인도하신 것입니다. 우리는 여기서 중요한 영적 교훈을 깨닫습니다. 그것이 무엇입니까? 바로 약속을 주신 하나님은 광야도 주신다는 것입니다."

주요 대지뿐 아니라 설교의 핵심 메시지, 서론과 결론에서도 영적 문장을 사용할 수 있다. 얼마나 자주, 어디서 영적인 문장을 사용할지 결정하는 것은 설교자의 판단에 달려 있다. 한편 설교자가 영적 문장을 사용했을 때, 그것이 청중의 마음을 움직이고 그들에게 깨달음을 주고 있다는 것을 어떻게 알 수 있을까? 다음과 같은 청중의 몇 가지 모습으로 알 수 있다. '펜을 들고 적는다' '고개를 끄덕인다' '아멘이라고 말한다' '눈물을 흘린다'. 이런 모습이 나타날 때, 영적 문장이 그들의 마음을 움직이며 깨달음을 주고 있는 것이다.

> ☀️ **깨달음과 통찰**
>
> 청중의 마음에 깊이 새겨질 영적 문장을 만들기 위해서는 문화적이고 문학적인 노력도 필요하지만, 더 근본적으로는 지속적인 본문묵상과 기도가 필요하다. 청중의 마음을 울리는 영적 문장은 설교자의 지속적인 영적 활동을 통해 만들어지기 때문이다.

중점 3. 설교문 보강 및 강화

효과적인 설교문을 만들기 위해 설교자가 반드시 해야 할 것 중 하나가 설교문을 보강하고 강화하는 것이다. 설교학자들은 설교문을 보강하고 강화하기 위해 정의, 설명, 인용, 통계, 예화 등을 사용하라고 말한다.[109]

(1) 정의

정의는 본문에 있는 어려운 단어나 신학적 개념 등이 무엇인지 정확하게 뜻을 밝히는 것이다. 한 예로 에베소서 6장 11절의 하나님의 '전신 갑주'에 대해 어떻게 정의(밑줄 부분)하고 설교를 풀어나가는지 살펴보자.[110]

> "마귀의 간계를 능히 대적하기 위하여 하나님의 전신 갑주를 입으라." 이 구절의 <u>전신 갑주는 완전무장을 말합니다. 전신 갑주에 해당하는 헬라어 '파노플리아'(πανοπλία)는 합성어입니다. '판'(παν)은 모든(all), 완전(full)이라는 의미를, '호플론'(ὅπλον)은 공격용 무기 또는 방어용 갑옷이라는 의미를 가지고 있습니다(요 18:3; 롬 13:12). 그러니까 이 단어의 뜻은 전쟁에서 적의 공격을 막을 뿐 아니라, 적을 공격할 수 있는 '완전무장'을 말하는 것입니다.</u> 바울은 로마 병사처럼 성도들이 전신 갑주, 완전무장을 하라고 말한 것입니다.

본문의 어려운 단어나 개념이 무엇을 말하는지 정의하지 않은 상태로 설교를 진행하지 말라. 설교자가 명확한 정의를 내리지 않으면 청중은 모호한 상태에서 메시지를 듣다 결국 집중력이 떨어지거나 심지어 메시지를 오해할 수도 있다.

(2) 설명

설명은 사람, 사건 등 잘 알려지지 않은 것 또는 이해되지 않는 것을 쉽고 명확하게 풀어주는 것을 말한다. 많은 경우 어떤 단어나 신학적 개념을 정의한 후 청중의 명확한 이해를 위해 그것을 자세히 설명해야 한다. 다음의 예를 통해 에베소서 1장 7절의 '속량'이라는 단어의 정의가 무엇인지 말한 후 그것을 어떻게 자세히 설명하면서 (꺾쇠괄호로 표시) 청중의 이해를 높이는지 살펴보자.[111]

"우리는 그리스도 안에서 그의 은혜의 풍성함을 따라 그의 피로 말미암아 속량 곧 죄 사함을 받았느니라." 이 구절에서 바울은 예수님의 구원 사역을 '속량'이라는 말로 설명합니다. '속량'이라는 헬라어 단어 '아폴뤼트로시스'는 노예가 자유를 얻기 위해, 혹은 죄수가 선고받은 형을 면제받기 위해 속전 즉 돈(ransom)을 지불하는 행위를 말합니다. 〈이스라엘 백성은 레위기 25장 47-49절 등에 등장하는 구약 풍습을 알고 있었기 때문에 속량이 무엇을 의미하는지 잘 압니다. 여러분이 고대 이스라엘 시대에 살고 있다고 생각해봅시다. 생활이 어려워 돈을 빌려 썼는데 갚지 못했습니다. 결국 돈을 빌려준 사람의 종이 되었습니다. 주인은 여러분의 감정이나 몸 상태를 생각하지 않고 무자비하게 일을 시킬 것입니다. 일을 죽도록 하는데도 돈은 모이지 않고 오히려 빚만 더 쌓였습니다. 자식들까지도 종이 될 상황에 처했습니다. 이제 어떻게 해야 될까요? 도대체 어떻게 이 상태에서 벗어날 수 있을까요? 길은 하나입니다. 스스로 갚을 수 없으니 누군가 도와주어야 합니다. 누군가 여러분을 위해 돈을 대신 지불해 종의 신분에서 자유롭게 해주어야 합니다. 그게 바로 속량입니다. 에베소 성도들은 구약 시대뿐 아니라 현재 자신들이 살아가고 있는 로마 시대에도 속량이 시행되고 있었기 때문에 이 개념을 잘 알고 있었습니다. 로마 시대에도 속량이란 여전히 돈을 지불하고 노예 신분에서 자유롭게 하는 것을 말했습니다. 그래서 고대 헬라어에서는 이 단어가 자유, 구원, 풀어줌이라는 의미로 사용됐습니다.〉

효과적인 설명은 청중이 단어와 신학적 개념 등을 이해하게 할 뿐 아니라 생생한 그림을 그릴 수 있게 해준다. 세밀한 묘사와 생생한 이미지를 사용해 청중에게 설명하라. 분명 익숙지 않았던 단어나 신학적 개념이 청중에게서 풍성한 메시지로 살아나는 것을 경험하게 될 것이다.

(3) 인용과 통계

인용은 권위 있는 사람의 말 혹은 저서의 일부분을 사용해 자신의 주장을 강화하는 것이다. 설교자는 적절한 인용을 통해 자신의 주장이 객관적이고 신뢰성 있는 것임을 청중에게 보여줄 수 있다. 다음의 예(꺾쇠괄호로 표시)를 살펴보자.[112]

외면생활에 우선순위를 두면 내면생활은 어둡고 주눅이 들게 마련이다. 혼자라는 생각에 무엇을 어찌해야 할지 갈피를 잡지 못한다. … 간단히 말해 내면생활에 우선을 두지 않는 한, 백이면 백 위선에 빠지고 만다. 17세기 영국 신학자 존 오웬(John Owen)은 대중의 인기를 얻고 성공 가도를 달리는 목회자들에게 이렇게 경고했다. 〈"목회자가 교인들을 모아 예배당을 채우고, 성찬예식을 인도하고, 대중의 입을 채워줄 수는 있을지 모르지만, 그의 진면목은 은밀한 중에 전능하신 하나님 앞에 무릎을 꿇느냐에 달렸다. 그 이상도 이하도 아니다."〉

위의 예를 보면 설교자는 외면보다 내면이 중요하며, 이 내면은 하나님 앞에서 채워져야 한다는 것을 강조하고 있다. 이 강조점을 살리기 위해 설교자는 저명한 청교도 신학자 존 오웬의 글을 인용했다.

인용뿐 아니라 설교자는 통계자료를 통해 자신의 주장을 강화할 수 있다. 통계는 짧은 시간 동안 청중을 설득할 수 있는 효과적인 방법이다. 다음의 예(꺾쇠괄호로 표시)를 살펴보자.[113]

우리의 자라나는 다음 세대들이 점점 경건의 시간을 소홀히 하고 있습니다. 우리는 안타깝게도 그들의 말씀묵상과 기도의 시간이 대부분 스마트폰 사용시간으로 대체되고 있는 슬픈 현실을 봅니다. 〈최근 조사에 따르면 국내 초중고 학생들의 스마트폰 사용시간은 하루 평균 5시간 이상인 것으로 나타났습니다. 연세대학교 바른ICT연구소는 지난해 6월 27일부터 10월 2일까지 전국의 만 7세 이상 70세 미만 6,090명의 스마트폰 사용자 통계를 분석한 결과, 초중고 학생들의 스마트폰 사용시간이 주당 36.2시간으로 하루 평균 5시간 이상을 스마트폰 사용에 할애하고 있다고 발표했습니다. 초등학생이 주당 30.4시간, 중고등학생이 38.6시간이었습니다. 학생들이 의무적으로 수행해야 하는 수업시간 및 수면시간 등을 제외한 나머지 대부분의 시간을 스마트폰과 함께 생활

하고 있다고 보면 됩니다.) 기도 5분, 말씀 읽기 5분도 못 하는 우리 아이들이 하루 평균 5시간을 스마트폰 사용에 허비하고 있는 것입니다.

(4) 예화

좋은 설교에는 늘 적절한 예화가 사용되는 것을 본다. 이런 점을 생각하면서 설교자는 어떤 예화를 사용할 것인지 신중하게 결정해야 한다. 예화의 중요성을 인식하면서 설교학자들은 예화를 다음과 같은 것으로 비유했다.

창문: 본문의 복잡한 메시지의 내부를 보게 함
문: 본문에 나타난 의미의 세계로 들어가게 해줌
빛: 본문의 어두운 뜻을 환하게 밝혀줌
다리: 성경의 의미를 오늘날과 연결해줌
영화: 본문의 의미를 생생한 이미지로 전달해줌
낚싯바늘: 사람들의 관심을 낚아챔

예화의 중요성을 설명하기 위해 다양한 비유가 사용되었지만 핵심은 하나다. 좋은 예화는 청중에게 본문의 의미를 쉽고 흥미롭게 전달한다. 아무리 학문적으로 거창하고 재미있는 예화일지라도 본문의 의미를 제대로 드러내지 못하는 것은 사용하면 안 된다.

설교에서 예화의 역할이 중요하기 때문에, 평소 다양한 예화 수집의 통로를 만들어두어야 한다.[114] 가장 보편적이면서도 신뢰할 만한 것은 책을 통해 얻는 예화다. 다양한 분야의 책을 꾸준히 읽으라. 읽으면서 예화가 될 만한 내용이 나오면 그 부분을 복사하거나 사진을 찍어 파일로 만들어 보관하면 된다. 뉴스와 신문기사도 중요한 예화가 될 수 있다. 최근 대부분의 뉴스와 신문기사가 온라인으로 제작되고 있다. 중요한 예화 거리를 발견하면 온라인 스크랩을 해두거나, 자신의 이메일로 자료를 보내 일정한 폴더에 보관해두면 된다.

 일상 및 사역 경험 또한 중요한 예화가 될 수 있다. 일상이나 사역에서 겪었던 일 중에 예화로 사용할 만한 것이 있다면 간단히 메모를 해두거나, 짧은 일기 형식으로 정리해두라. 후에 중요한 예화가될 수 있다. 다음의 예는 내가 '회개와 하나님의 긍휼'에 대해 설교하면서 사용한 예화다.[115] 이 예화는 몇 년 전 어느 교회에서 말씀 전할 때 만났던 한 집사님의 삶을 간략히 적어둔 후 나중에 예화 형식으로 바꾼 것이다.

얼마 전 한 교회에 말씀을 전하러 갔다 우연히 식사 자리에 동석한 정 집사님이라는 분의 간증을 들었습니다. 정 집사님의 어머니는 신실한 권사님이셨습니다. 그래서 돌아가시기 전까지 아들이 물심양면으로 교회를 돕는 신실한 일꾼이 되기를 늘 기도했다고 합니다. 정 집사님은 30대 초반에 작은 사업을 시작했는데 빠른 시간에 번창했고, 그 덕분에 많은 재산도 모았습니다. 그런데 그 순간 이상하게 신앙이 흔들리고 교회보다는 세상이, 믿음의 동역자보다는 세상 친구가 좋아졌습니다. 그래서 세상에서 놀고 취하며 어둠 속에서 죄 짓는 생활을 했습니다. 그러던 중 사업체에 부도가 났습니다. 순식간에 모아둔 재산이 날아갔고, 몸까지 병들었습니다. 그러자 그 좋다던 세상 친구들도 하나둘씩 자신을 떠났습니다. 삶의 의욕을 잃어버리고, 우울증에 걸렸습니다. 하루는 너무 힘들어 죽고 싶은 마음에 높은 건물 옥상에 올라갔는데, 그 순간 먼저 천국에 가신 어머니가 생각났습니다. 그리고 어릴 적 어머니와 손을 잡고 주일학교에 가서 배웠던 찬양이 떠올라 작은 소리로 불러보았습니다. "예수 사랑하심은 거룩하신 말일세 … 날 사랑하심…" 순간 눈물이 흐르며 하나님이 자신이 돌아오기를 기다리고 계신다는 것을 깨달았습니다. 정 집사님은 그 자리에서 무릎을 꿇고 회개하며 다시 믿음을 달라고 눈물로 기도했습니다. 그후 정 집사님의 건강은 점차 회복되었습니다. 작지만 건실한 사업체도 다시 시작할 수 있었습니다. 이 시점을 계기로 정 집사님은 시간이 날 때마다 교회를 섬기고, 자신이 가진 물질로 교회를 꾸준히 돕고 있다고 했습니다. 어떻게 정 집사님에게 이런 놀라운 변화가 일어났을까요? 인생의 마지막 순간에 눈물의 회개로 하나님의 긍휼을 경험했기 때문입니다.

우리의 일상이나 사역에서 얻은 예화를 수누키안(Donald R. Su-nukjian)은 '삶과 연관된 예화'라고 부른다.[116] 그에 따르면 이 삶과 연관된 예화는 책이나 인터넷에서 얻은 것보다 친숙하면서도 깊은 공감을 불러일으킬 때가 많다. 이야기를 과장하지 않고 예화와 관련된 사람에게 미리 허락만 받고 사용한다면 삶과 연관된 예화는 설교에 큰 도움이 된다.

각종 인터넷 백과사전과 여러 블로그에 오른 인터넷 자료도 예화가 될 수 있다. 그러나 사용 전 그 인터넷 자료가 정확한 것인지 확인해보아야 한다. 종종 인터넷 자료가 정확하지 않고, 편향된 성향을 가진 것도 많기 때문이다. 그러므로 인터넷 자료를 사용하기 전에 권위 있는 책들이나 검증된 기관의 자료 등을 통해 반드시 그것이 정확한지, 편중된 정보는 없는지 확인하라.

예화집이나 다른 사람의 설교를 통해서도 예화를 수집할 수 있다. 예화집에는 다양한 예화가 수록되어 있다. 또한 예화의 주제까지 분류되어 있어 사용하기 편리하다. 그러나 인터넷 자료와 마찬가지로 예화가 정확한지, 과장은 없는지 확인해보아야 한다. 종종 예화집에 출처와 근거가 부정확한 예화나 과장된 예화가 많음을 본다. 그런 예화를 사용하면 설교자에 대한 신뢰가 떨어질 수 있다. 한편 다른 설교자의 설교에서 예화를 빌릴 때는 "어떤 목사님의 설교에서 이런 예화를 들었습니다"라고 말한 뒤 사용하면 표절의 위험에서 벗어날 수 있다.[117]

예화의 역할이 설교에서 중요한 만큼 그것을 사용할 때 설교자는 다음과 같은 주의점을 꼭 기억해야 한다.[118] 첫째, 본문의 뜻이나 메시지를 강화하기 위해서만 예화를 사용하라. 단순히 재미나 분위기 전환용으로 사용하지 말라. 둘째, 다양한 종류의 예화를 사용하라. 한 분야에 치중하지 말고 다양한 분야의 예화를 사용하라. 문학, 과학, 철학, 역사, 사회 등 여러 분야의 예화를 사용하라. 셋째, 일상 및 사역 경험에서 얻은 예화들을 지혜롭게 사용하라. 이때 과장하지 않도록 주의하라. 또 다른 사람의 예를 들 때는 그 사람에게 미리 허락을 받도록 하라. 넷째, 예화의 배신이 있음을 기억하라. 너무 강한 예화를 사용하면 설교 내용이 아닌 예화만 기억될 수 있다. 다섯째, 예화를 너무 많이 사용하지 말라. 각 대지에 한 번 정도만 사용하라. 혹은 설교 전체에서 한두 번만 사용하라. 여섯째, 예화가 정확한지 반드시 점검하라. 설교를 듣는 청중이 즉시 스마트폰을 활용해 예화의 정확성을 확인해볼 수 있음을 기억하라. 일곱째, 예화를 수집하는 습관을 키우라. 평소에 꾸준히 책, 인터넷, 삶의 경험, 기사와 뉴스 등 다양한 통로를 통해 예화를 수집하라.

> 📖 **확 인 하 기**
>
> 좋은 예화는 청중에게 본문의 의미를 쉽고 흥미롭게 전달한다. 아무리 학문적으로 거창하고 재미있는 예화일지라도 본문의 의미를 드러내지 못하는 것은 사용하면 안 된다.

중점 4. 각 대지의 요점 반복 시점 결정

효과적인 설교문은 내용적인 것뿐 아니라 전달에 관한 측면까지 고려한 것이다. 설교자는 명확한 메시지 전달을 위해 각 대지의 요점을 반복할 시점을 결정해야 한다. 예를 들어 성도의 신앙이 성장하기 위해서는 견고한 믿음, 자발적 순종, 표현된 사랑이 반드시 있어야 한다는 주제를 가지고 아래처럼 3대지 설교를 한다고 가정하자.

대지 1: 성도의 신앙이 성장하기 위해 견고한 믿음이 필요하다.
대지 2: 성도의 신앙이 성장하기 위해 자발적 순종이 필요하다.
대지 3: 성도의 신앙이 성장하기 위해 표현된 사랑이 필요하다.

이때 설교자는 설교문에 반복할 시점과 적절한 반복문장을 적어 두어야 한다. 아래의 예를 살펴보자.

성도 여러분, 우리의 신앙이 성장하기 위해 첫째, 견고한 믿음이 필요합니다. 견고한 믿음이란 무엇입니까? … (중략) … 성도 여러

분, 우리의 신앙이 성장하기 위해서는 견고한 믿음뿐 아니라 둘째, 자발적 순종이 필요합니다. 여기서 자발적 순종이란 … (중략) … 성도 여러분, 우리는 앞에서 신앙이 성장하기 위해 필요한 요소 두 가지, 즉 견고한 믿음과 자발적 순종을 살펴보았습니다. 마지막 하나가 더 남았습니다. 그것은 바로 표현된 사랑입니다.

위의 예를 보면 각 대지가 이동할 때 앞의 대지, 혹은 대지의 요점을 간단히 언급해주는 것을 볼 수 있다. 이렇게 하는 이유는 청중이 앞 대지의 내용을 잊지 않게 하기 위함이다. 이런 반복 없이 설교를 하면 청중이 현재 말하고 있는 대지는 기억하지만 지나간 대지는 잊는 경향이 있기 때문이다. 앞의 대지, 혹은 대지의 요점을 반드시 간략하게 언급하라. 이때 간략하지만 획일적이지 않고 자연스러운 문구를 사용해야 한다.

귀납 형식의 내러티브 설교는 대지 설교처럼 설교주제가 각 대지에 나누어지지 않고 하나의 핵심 메시지를 가진 경우가 많다. 이런 경우 대지가 없기 때문에 적절한 순간에 메시지를 반복해주어야 한다. 설교문에 반복할 시점과 반복문장을 적어두라. 반복은 메시지의 재진술이어야 한다. 즉 단순반복이 아니라 조금씩 다른 표현으로 세 번 정도 재진술하는 것이 효과적이다.[119] 출애굽기 13장 17-22절의 경우 본문의 메시지를 다음과 같이 반복할 수 있다.

본문의 메시지: 약속을 주신 하나님은 훈련의 길도 걷게 하신다.
메시지 재진술: 가나안의 약속을 주신 하나님은 광야 길도 주신다.
약속의 하나님은 훈련의 광야 길도 걷게 하신다.

약속을 주신 하나님은 훈련의 길도 걷게 하신다.

본문의 메시지를 조금씩 바꾸어 반복해주면 청중의 마음에 그것이 남게 된다. 그러나 본문의 메시지를 재진술할 때 너무 다른 표현을 사용하지 않도록 주의하라. 청중이 새로운 메시지로 생각하고 혼란에 빠질 수 있기 때문이다. 약간씩 표현을 바꾸되 그 핵심 내용은 동일한 단어를 사용해야 한다.

중점 5. 설교의 서론과 결론 작성

이제 설교문 작성의 거의 마지막 단계에 왔다. 바로 서론과 결론 작성이다. 서론과 결론을 설교문 마지막에 작성하는 이유가 있다. 첫째, 서론과 결론이 본문과 맞아야 하기 때문이다. 본문 작성이 끝나면 그것에 따라 서론과 결론을 맞추어야 한다. 당연한 이야기지만 서론과 결론에 맞추어 본론을 작성해서는 안 된다. 둘째, 서론과 결론의 내용이 언제든 바뀔 수 있기 때문이다. 대다수의 설교자는 본문을 작성하면서 처음에 대략 생각해두었던 서론과 결론의 내용이 바뀌는 것을 경험한다. 셋째, 본론의 분량을 알아야 서론과 결론의 적절한 분량을 결정할 수 있기 때문이다. 꼭 정해진 비율은 없지만 서론과 결론은 각각 본론의 10퍼센트를 넘지 않는 것이 좋다.[120] 나는 종종 서론과 결론을 차의 범퍼에 비유한다. 멋진 차를 보면 차체 길이와 조화가 되는 길이의 앞뒤 범퍼가 달려 있다. 그런데 차체 길이를 고려하지 않고 앞뒤로 1미터 범퍼를 달고 다니는 차가 있다고 생각해보라. 우습다. 마찬가지다. 본문 길이에 어울리지 않는 너무 긴 서론과 결론은 좋지 않은 결과를 낳는다.

로빈슨에 따르면 효과적 서론은 청중의 주의를 집중시키고, 청중의 필요를 부각시켜주며, 본문에 전개될 설교 내용을 안내해준다.[121] 그는 설교자가 다양하고 효과적인 서론을 위해 다음과 같은 방식을 사용해볼 것을 제안했다.

(1) 역설적 문장

"우리 하나님 아버지는 전능자이십니다. 그러나 그분의 자녀인 우리는 패배자처럼 살아가고 있습니다. 도대체 무엇이 문제일까요? 오늘 본문이 답을 줍니다. 본문에 따르면 …."

(2) 익숙한 말, 익숙하지 않은 상황

"놀랍게도 '신용등급 상향으로 온라인 사기를 막으세요'라고 말하는 사람들이 사기를 노리는 사람일 수 있습니다. 우리를 위하는 척하면서 속이고 소중한 것을 빼앗는 것입니다. 오늘 본문에 이보다 훨씬 교묘하고 무서운 존재가 등장합니다. 바로 마귀입니다."

(3) 수사학적 질문

"여러분이 내일 죽는다면 꼭 하고 싶은 것이 무엇입니까? 오늘 본문을 보면 예수님은 십자가의 죽음을 하루 앞두고 계십니다. 놀랍게도 예수님께서 이 시점에서 원하셨던 것은 …."

(4) 놀라운 사실이나 통계

"최근 통계에 따르면 우리나라가 OECD 국가 중 청소년 자살률 1위입니다. 안타깝습니다. 많은 아이들이 절망 가운데 삶을 포기하고 있습니다. 지금 이 아이들에게 필요한 것이 무엇입니까? 오늘 본문에 그 답이 있습니다. …"

(5) 본문을 읽고 논쟁이 될 만한 점을 언급

"오늘 본문 잠언 9장 17절에 따르면 도둑질한 물이 달고, 몰래 먹는 떡이 맛있다고 합니다. 이게 무슨 뜻일까요? …"

(6) 본문 주제와 관련된 주장이나 인용

"건강한 성령운동의 대가셨던 한 목사님의 주장에 따르면 성령의 사람은 포악하지 않습니다. 지배하지 않습니다. 성령의 사람은 온유합니다. 섬깁니다. 그런데 왜 우리 주변의 사람들은 종종 자신이 성령의 사람이라고 말하면서 난폭하고 지배하는 모습을 보일까요? 어디서부터 잘못된 것일까요? 문제가 무엇인지 본문을 통해 살펴봅시다."

(7) 본문과 관련된 예화

"캘리포니아에 사는 거대한 세쿼이아(sequoia)는 지표면 바로 아래까지만 뿌리를 내리고 살아갑니다. 그런데 바람이 불어도 신기하게 넘어지지도 않고 계속 자라납니다. 불가능한 일처럼 보입니다. 보통 나무가 뿌리를 땅속 깊이 내리지 않으면 강한 바람에 넘어지기 때문입니다. 그런데 세쿼이아는 강한 바람에도 쓰러지지 않습니다. 그것은 세쿼이아 나무들이 숲에서 함께 자라며, 그 뿌리들이 땅 밑에서 서로 얽혀 있기 때문입니다. 그래서 강한 바람이 불어와도 얽힌 뿌리가 붙잡아주는 효과를 발휘해 넘어지지 않는 것입니다. 오늘 본문은 '한 사람이면 패하겠거니와 두 사람이면 맞설 수 있나니 세 겹 줄은 쉽게 끊어지지 아니하느니라'라고 말하고 있습니다. 방금 예화에서 살펴본 것처럼 …."

(8) 사진 혹은 영상

본문과 관련된 사진 혹은 영상(비디오 클립)으로 서론을 시작할 수도 있다. 이때 주의할 점이 있다. 사진과 영상을 너무 길게 사용하지 말라. 사진과 비디오가 강한 인상을 남기면 이후 설교를 들을 때 청중의 집중력이 떨어질 수 있기 때문이다. 또한 사진과 비디오가 바로 나오도록 미리 준비하고 예행연습을 해두라. "보시겠습니다"라고 말했는데 사진이나 영상이 나오지 않으면 기다리는 동안 청중도 설교자도 기운이 빠지고 산만해진다. 마지막으로, 사용하는 사진과 영상이 폭력적이거나 성적인 것이어서는 안 된다.

(9) 간단한 인사와 유머

간단한 인사와 유머로 서론을 대신하는 것도 하나의 방법이 될 수 있다. 그러나 너무 긴 유머, 긴데 웃기지 않은 유머는 설교에 방해만 될 뿐이다.

파솔(Al Fasol) 같은 학자들은 종종 설교의 서론을 비행기의 이륙에 비유했다.[122] 비행기가 잘 이륙해야 안전하고 본격적인 비행을 할 수 있는 것처럼, 서론을 잘 해야 안정적으로 설교의 본론으로 진입할 수 있다는 것이다. 그렇다면 결론은 무엇으로 비유될까? 예상할 수 있는 것처럼 설교의 결론은 착륙에 비유된다. 아무리 비행을 잘했어도 마지막 착륙을 잘 못하면 목적지에 다다를 수 없다. 마찬가지로 설교자가 적절한 서론 후에 본론에서 메시지를 정확하게 전달했어도 마지막 결론을 잘 맺어야 설교를 효과적으로 마칠 수 있다.

결론은 단순히 설교를 끝내는 것이 아니라 메시지를 함축적으로 요약하고 실천을 유도하는 것이다. 즉, 효과적 결론은 청중이 메시지를 분명하게 기억할 수 있도록 정리해준다. 또한 청중의 마음에 메시지를 실천하려는 의지를 불러일으킨다. 이러한 기능을 달성하기 위해서는 결론은 간결하면서도 파고드는 호소력이 있어야 한다. 설교학자들은 효과적인 결론을 만들기 위해 다음과 같은 방법을 제안했다.[123]

(1) **메시지 요약**: 지금까지의 메시지 핵심을 간결하게 요약 제시한다.

(2) **메시지 시각화**: 메시지의 요점을 시각화해서 제시한다.
"우리는 부활해 보석보다 찬란하고 빛보다 반짝이는 새 하늘과 새 땅에 서있을 것입니다. 그때 여러분과 제가 그곳에 함께 있길 축원합니다."

(3) **예화**: 메시지의 요점이나 실천과 관련된 예화를 사용한다.

(4) **인용**: 메시지를 함축할 수 있는 짧은 글을 인용한다.

(5) **질문**: 선택을 위한 질문을 던진다.
"본문이 말하는 것처럼 인생의 두 길이 우리 앞에 있습니다. 하나님 없는 세상의 넓은 길, 그 길은 죄와 죽음으로 이어집니다. 좁지만 하나님이 함께하시는 길, 그 길은 거룩과 영생으로 이어집니다. 여러분의 선택은 무엇입니까?"

(6) 구체적 제안

"여러분, 주님이 깨어 있으라고 말씀하셨습니다. 내일부터 특별 새벽기도회가 시작됩니다. 주저 말고 참여하십시오. 깨어 기도하십시오."

(7) 찬양과 기도: 결론 대신 메시지에 적합한 찬양이나 기도를 하고 설교를 마무리할 수 있다.

> **📖 확 인 하 기**
> • 효과적 서론: 청중의 주의를 집중시키고, 청중의 필요를 부각시켜주며, 본문에 전개될 설교 내용을 안내해준다.
> • 효과적 결론: 청중이 메시지를 분명하게 기억할 수 있도록 정리해주고, 그들 마음에 메시지를 실천하려는 의지를 불러일으킨다.

반복되고 식상한 서론과 결론이 되지 않기 위해 설교자는 어떤 다양한 방법이 있는지 구체적으로 살펴보아야 한다. 그 후 자신에게 맞는 방법 다섯 개 정도를 선택해 지속적으로 연습해야 한다.

중점 6. 설교제목 결정

설교문 작성의 마지막 단계인 설교제목 결정의 시간이 왔다. 설교제목을 언제 정할 것인지에 대한 몇 가지 의견이 있다. 밀러(Calvin Miller)의 경우 설교가 본격적으로 형성되기 전에 설교제목을 붙이라고 조언한다.[124] 그는 성경본문과 연관된 설교제목을 선호한다. 그렇게 함으로써 설교 준비 초기부터 성경의 핵심 내용이 싹트고 설교가 계속 발전할 수 있다고 보는 것이다. 한편 밀러가 민수기 22장 21-34절을 본문으로 제목을 결정하는 과정을 보면 다음과 같다.

> 본문은 무엇에 관한 것인가: 순종
> 설교의 주제는 무엇인가: 하나님의 명령을 존귀하게 여김
> 가장 적합한 제목: "자기주장의 우둔함"
> 가능한 제목: "당신은 하나님에게서 피할 수 없다"
> "당신의 나귀가 말할 때 잠자코 들으라"

밀러에 따르면 세 번째 제목은 본문의 이야기와 연관된 것이다. 그러나 제목과 성경본문과의 관계가 불명확하다는 약점이 있다. 첫 번째와 두 번째 제목은 둘 다 본문 및 설교의 요점과 관련된 것이다. 그런데 첫 번째 것이 더 설교의 핵심을 담을 수 있으면서도 함축적이어서 최종 제목으로 선택되었다. 밀러에 따르면 좋은 설교제목은 사람들에게 설교에 대한 궁금증과 흥미를 불러일으킨다. 그리고 무엇보다 설교자가 설교를 준비할 때 분명한 방향과 초점을 가질 수 있다.

밀러의 이런 제안에도 설교의 제목은 설교문 작성 마지막에 정하는 것이 좋다. 본문묵상 단계에서 결론을 작성할 때까지 여러 제목이 머리에 떠오를 것이기 때문이다. 그때마다 떠오르는 제목을 적어 두라. 그리고 설교문을 써내려 갈 때나 결론을 쓴 후 가장 적합한 제목을 선택하면 된다. 종종 설교자들이 제목을 정해놓고 그것에 매여

설교를 준비하는 것을 본다. 별로 효율적인 방법이 아니다. 먼저 본문의 내용을 충실히 묵상하고 연구한 후 설교문을 작성하라. 그 과정 중에 함축적이면서도 관심을 끌 수 있는 제목들을 적어두었다가 최종 결정하면 된다.

내가 사무엘상 1장 1-11절의 설교제목을 결정한 과정을 실례로 살펴보자. 설교를 준비하면서 처음 적어둔 설교제목은 다음과 같았다. "소중한 것이 없을 때." 이것은 본문의 내용 일부를 제목으로 삼은 것이다. 그러나 뭔가 밋밋하고 함축적이지 않았다. "하나님 앞에 울다." 이것은 한나가 자신의 문제를 해결한 방법이 들어있는 제목이다. 함축적이기는 하나, 유명한 책의 제목(제럴드 싯처의 한국 번역서 제목)이라는 점이 마음에 걸렸다. 또한 제목에 문제에 대한 답이 이미 드러난 것 같아 제목으로 사용하기에 주저됐다. "쓴 영혼이 은혜로 채워질 때." 최종 제목으로 선택한 것이다. 한나의 마음 상태를 나타내는 히브리어 단어 '마라'를 바탕으로 제목을 만들었다. 그리고 문제가 어떻게 은혜롭게 해결될 것인지 기대하게 만들었다. 그러나 그 답은 제목에 나타나 있지 않아 청중이 설교를 통해 답을 찾고 싶은 마음이 들도록 한 것이다.

방금 살펴본 것처럼 설교제목은 언제든 바뀔 수 있다. 그러니 제목에 집착하지 말고 본문을 더 깊이 묵상하고 연구하라. 그러면 어느 순간 적절한 제목을 찾게 될 것이다. 참고로 좋은 설교제목을 결정하기 위해 다음과 같은 방법들을 사용해보라.

(1) 메시지를 포괄하는 단어나 문장 활용

"소멸되지 않는 사랑"(고전 13:1-13)

(2) 가장 중요한 영적 문장(SS) 활용

"쓴 영혼이 은혜로 채워질 때"(삼상 1:1-11)

(3) 본문에 나타나는 문제 상황

"약속의 길이 멀게만 느껴질 때"(출 13:17-22)

(4) 본문의 시각, 청각, 후각 이미지 활용

"밤에 부른 노래(Song in the night)"(욥 35:10; 시 77:6; 행 16:25)

(5) 본문과 관련된 호기심을 일으키는 문장

"우리는 랍스터를 먹을 수 없는가?"(레 11:9-10)

좋은 설교제목이 무엇일지 생각할 필요는 있지만 그것 때문에 너무 고심하지는 말라. 본문의 내용에 집중하면서 설교문을 작성하다 보면 어느 순간 가장 적합한 설교제목이 떠오를 것이다. 그래도 설교제목 때문에 고심이 된다면 맥도겔(Donald McDougall)의 조언이 도움이 될 것이다.[125]

어떤 제목을 정하든 그것은 본문의 의미와 내용을 반영해야 한다. … 대부분의 사람은 설교제목보다는 내용에 관심을 갖는다. 자극적인 설교제목 때문이 아니라 하나님의 메시지를 듣게 될 것을 알기에 청중이 매주 교회에 오는 것이 바람직한 것이다. 그러므로 설교제목 선택을 소홀히 하지 않되 설교의 내용에 집중하라.

드디어 설교문이 완성되었다. 설교 준비가 끝난 것이다. 이제 책상에서 일어나 설교단에 오를 준비를 해야 한다. 메시지가 글에서 소리로 전해질 시간이다. 원고에서 나와 영혼으로 스며들 시간이다. 이 떨리는 순간을 위해 설교자는 무엇을 준비해야 하는지 다음 장에서 살펴보자.

설교란 하나님이 들려주시는 말씀을
땅 위의 사람들에게 들려주는 거룩한 사명이다.
하늘의 음성은 성경본문에 몰입할 때 분명하게 들려오고,
성도의 삶에 적실하게 적용될 때 능력 있게 나타난다.

_ 추천사 중에서

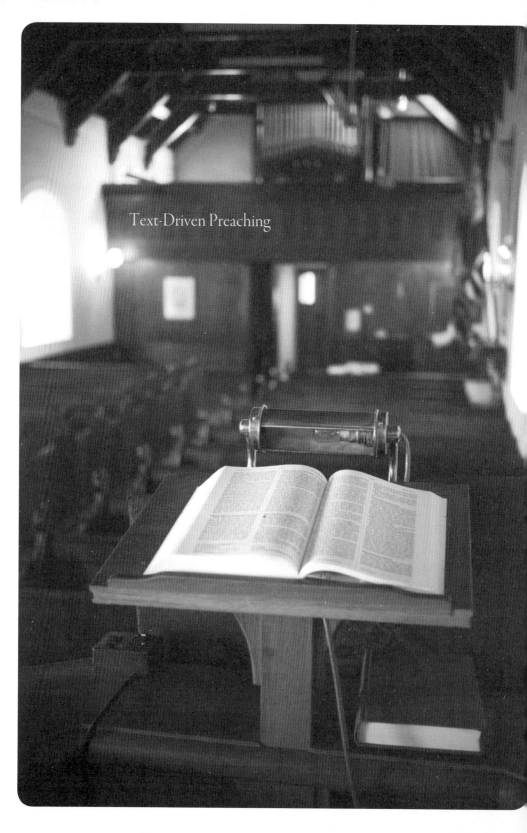

Text-Driven Preaching

Part 3

|

멋 지 고 도
은 혜 롭 게
전 달 하 기 :
본문을 살리는 전달

지 금까지 본문이 이끄는 설교를 준비하는 과정을 세부적으로 살펴보았다. 설교자가 본문의 의미를 발견하고, 오늘날로 연관성을 놓고, 실천해야 할 적용점을 찾아 설교문을 작성하면 드디어 강단에서 전할 내용을 모두 준비한 것이다. 그렇다면 이제부터 필요한 것은 준비된 메시지를 어떻게 전달할 것인지를 생각하고 연습해 청중에게 효과적으로 전달하는 것이다. 탁월한 설교자는 본문에 있는 메시지를 잘 발견할 뿐 아니라, 본문을 살리는 전달법에 대해서도 잘 알고 있다.

설교자가 본문을 살리는 전달을 하기 위해 필요한 세 가지가 있다. 먼저 설교단에 올라가기 전에 필요한 것이 있는데 이것은 설교자의 '숨'으로 비유할 수 있다. 또한 설교단에서 필요한 것도 있는데 이는 설교자의 '눈빛'으로 비유하면 좋을 것이다. 마지막으로 강단에서 내려온 뒤 지속적으로 필요한 것이 있다. 이것은 설교자의 '땀'으로 비유하면 적절할 것이다.

설교자의 숨으로 비유한 '설교 전의 필요요소'는 영적 준비를 통한 '평정된 마음'이다. 설교자는 설교단에 오르기 전 깊은 숨을 통해 긴장을 가라앉히고 평안한 마음을 유지해야 한다. 그러나 더 근본적으로는 영혼의 숨이라고 할 수 있는 기도를 통해 철저히 영적으로 준비해야 설교단에 오르기 전 평정된 마음을 가질 수 있다. 설교자의 눈빛으로 비유한 '설교단에서의 필요요소'는 눈 맞춤, 제스처, 다양한 목소리 등의 비언어적 소통기술이다. 이것은 효과적인 전달을 위해 설교자가 반드시 익혀야 할 중요한 기술이다. 설교자의 땀으로 비유한 '설교 후의 필요요소'는 설교 발전을 위한 원칙과 지속적인 훈련을 말한다. 영혼을 변화시키는 설교는 한순간에 태어나지 않는다. 그것은 분명한 원칙을 가지고 지속적으로 훈련할 때 비로소 얻을 수 있는 것이다.

> 📖 **확 인 하 기**
>
> 영감과 힘이 있는 설교 전달을 위한 세 가지 요소
> 1. 설교자의 숨: 평정된 마음
> 2. 설교자의 눈빛: 비언어적 소통기술
> 3. 설교자의 땀: 설교 발전을 위한 원칙과 지속적인 훈련

이제 설교자가 자신이 준비한 메시지를 숨, 눈빛, 땀을 통해 어떻게 영감 있고 힘 있게 전달할 수 있는지 구체적으로 살펴보자.

6장

설 교 자 의 　 숨,
눈 빛 　 그 리 고 　 땀

"힘 있는 설교는 수술과 같다. 성령님의 기름 부으심 아래 설교는
위치를 잡고, 절개하고, 죄로 감염된 곳을 제거한다."
_ 존 파이퍼(John Piper)

"기도하기 전까지 우리는 설교할 준비가 된 것이 아니다. 우리가
하나님 앞에 홀로 서지 않는다면 우리는 하나님, 그분을 전할 수
없다."
_ 데이비드 라슨(David L. Larsen)

설교자의 숨:
평정된 마음

설교자가 설교를 앞두고 싸워야 할 가장 큰 적 중 하나가 긴장된 마음이다. 긴장하면 심장이 빨리 뛰고 입이 마르게 된다. 이런 상태에서 설교단에 서게 되면 말이 빨라지고 목소리가 허스키해지거나 갈라지게 된다. 결국 훌륭한 메시지를 준비했음에도 부적절한 전달때문에 설교를 망칠 수 있다.

평정된 마음을 갖기 위해 설교단에 오르기 전 깊은 숨으로 긴장을 풀고 마음을 가라앉히라.[126] 1분에 다섯 번, 혹은 여섯 번 깊게 숨을 들이마시고 천천히 내쉬라. 이때 아랫배 부분과 횡격막이 충분히 불룩해질 수 있도록 천천히 깊게 숨을 들이마시고 서서히 내쉬라. 평소에 이런 훈련을 하면 호흡이 길어지고 안정된 목소리를 낼 수 있다. 설교단에 오르기 전 이런 깊은 숨을 통해 긴장을 풀어주고 마음을 진정시키라.

설교단에 오르기 전 긴장을 풀고 평정된 마음을 갖기 위해서는 이처럼 깊은 숨을 쉬는 것이 꼭 필요하다. 그러나 몸의 숨보다 더 중요한 것은 영혼의 숨이라고 할 수 있는 기도를 드리는 것이다. 중요한 말씀의 사역 앞에서 평정된 마음을 갖기 원하는가? 그렇다면 설교자의 숨인 기도를 드려야 한다. 복음서를 살펴보라. 예수님은 매일 많은 분주한 사역을 앞두고, 말씀을 선포하시기 전 홀로 조용히 기도하셨다. "새벽 아직도 밝기 전에 예수께서 일어나 나가 한적한 곳으로 가사 거기서 기도하시더니"(막 1:35). 심지어 십자가를 앞에 두고 그 떨림과 두려움 속에서도 예수님은 기도하셨다(눅 22:39-44).

바울은 또 어떤가. 그는 자신을 조롱하고 핍박하는 유대인과 이방인들 앞에서 담대하게 복음을 외치기 전 늘 기도했고, 또한 동역자들에게 자신을 위해 기도해달라고 간절히 부탁했다. "또 나를 위하여 구할 것은 내게 말씀을 주사 나로 입을 열어 복음의 비밀을 담대히 알리게 하옵소서 할 것이니"(엡 6:19).

설교자의 영적 숨이라고 할 수 있는 기도가 없으면 아무리 탁월한 지성을 가졌다 해도 마음의 중심을 잡을 수 없다. 그래서 자신에게 맡겨진 진리를 제대로 전달할 수 없게 된다. 탁월한 설교자요 위대한 전도자였던 찰스 피니(Charles Finney)는 이 사실을 다음과 같이 말했다.

> 이것(기도)이 없다면 당신은 약함 그 자체가 될 것입니다. 만약 당신이 기도의 영을 잃어버린다면 당신은 아무것도 할 수 없을 것입니다. 천사와 같은 지적 능력을 가지고 있다 할지라도 아무것도 할 수 없을 것입니다. … 은혜의 주님, 기도가 무엇인지 모르는 사람들의 가르침과 영향에서 당신의 죽은 교회를 구해주시고 지켜주소서.[127]

이렇듯 기도의 중요성을 너무도 잘 알고 있던 피니는 중요한 집회에서 말씀을 전하기 전 종종 사람들을 피해 특별한 철야기도를 드렸다. 그 결과 그는 자신에게 맡겨진 사명을 끝까지 능력 있게 감당할 수 있었다.

영국의 가장 위대한 설교자 중 한 명인 스펄전도 설교자에게 기도가 얼마나 중요한지 강조하기 위해 "설교자는 그 무엇보다도 기도의 사람이어야 한다"[128]고 강조했다. 그는 또한 설교자들을 향해 "당신이 설교를 전할 때 오직 기도만이 당신을 도울 수 있다"고 말하며, 진정 감동적인 설교 전달은 기도의 결과로 탄생되는 것이라고 가르쳤다.[129]

예수님, 바울, 피니, 스펄전 같은 위대한 설교자가 기도의 중요성을 강조했다. 그렇다면 우리처럼 평범한 설교자들은 더욱 간절히 기도해야 하지 않을까? 하나님께 쓰임 받는 말씀의 사역자가 되기 원한다면 설교자이기 전에 먼저 기도자가 되어야 한다. 늘 기도로 영혼의 깊은 숨을 쉬라. 중요한 설교를 앞두고 있을 때 더 기도하라. 그리고 설교 강단에 오르기 전 마지막으로 간절히 기도하라. 분명 이런 과정을 통해 하나님께서 평정된 마음을 주실 것이다. 그래도 떨린다면 그것은 나쁜 것이 아니다. 오히려 거룩한 떨림이니 감사하면서 즐기며 최선을 다해 메시지를 전하라. 나머지는 하나님께서 책임져주실 것이다.

설교단에 오르기 전 깊은 숨으로 몸의 긴장을 풀라. 영혼의 숨인 기도로 다가올 말씀 사역을 준비하라. 이런 깊은 숨과 영혼의 숨 외에 설교자가 해야 할 실제적인 것들이 있다. 설교단에 오르기 전 다음과 같은 것들이 설교자에게 도움이 될 것이다.[130]

> ☀ **깨 달 음 과 통 찰**
>
> 설교단에 오르기 전 긴장을 풀고 평정된 마음을 갖기 위해 깊은 숨을 쉬라. 그러나 몸의 숨보다 더 중요한 것은, 영혼의 숨이라고 할 수 있는 기도를 드리는 것이다.

1. 물 마시기

설교 한 시간 전에 충분히 물을 마시라. 미지근한 물이나 약간 따뜻한 물이 좋다. 얼음이 들어간 찬 물은 성대를 수축시킨다. 너무 뜨거운 물은 성대에 열상을 입힐 수 있다. 탄산음료나 성대를 마르게 하는 커피 등은 마시지 않는 것이 좋다. 물을 충분히 마시되 메시지를 전달하는 동안 요의(尿意)를 느끼지 않도록 설교 전에 미리 화장실을 다녀오라.

2. 스트레칭

설교 전에 몸의 긴장을 풀기 위해 스트레칭을 하라. 목 부위만 하지 말고 어깨와 등까지 스트레칭을 해주어야 한다. 이렇게 어깨와 목의 근육을 풀어주면 목소리가 자연스럽고 부드럽게 나오는 것을 경험할 수 있을 것이다. 그러나 설교 전 과도한 스트레칭은 좋지 않다. 평소에 늘 스트레칭을 하다 설교 전에 가볍게 하는 것이 효과적이다.

3. 얼굴 마사지

설교할 때 자연스러운 표정을 지을 수 있도록 얼굴을 부드럽게 마사지하라. 손가락으로 광대뼈 부분, 귀 아랫부분, 턱밑까지 원을 그리며 마사지하라. 얼굴과 턱 주변의 근육이 이완되면서 표정이 살아나는 것을 느낄 것이다.

4. 입 운동 및 발음 연습

입 주위의 근육이 풀리도록 입을 크게 벌리고 좌우로 움직여준다. 또한 입안의 바람을 밖으로 불어 입술이 '푸르르르' 떨리게 한다. 입 주위의 근육이 어느 정도 풀리면 입을 크게 벌려 '아, 에, 이, 오, 우'

를 천천히 정확하게 발음한다. 이렇게 하면 입 주위의 긴장된 근육이 풀리고 발음이 정확해진다.

5. 원고 소리 내어 읽기

원고를 완성한 후 이미 여러 번 그것을 읽었을 것이다. 설교단에 오르기 전에 다시 한 번 적절한 소리로 원고를 읽어보라. 전체를 읽을 필요는 없다. 중요한 부분, 발음이 잘 안 되는 부분을 표시해 두었다가 마지막으로 한 번 읽어보면 된다.

> 📖 **확 인 하 기**
>
> 설교단에 오르기 전 해야 할 것:
> (1) 물 마시기 (2) 스트레칭 (3) 얼굴 마사지 (4) 입 운동 및 발음 연습 (5) 원고 소리 내어 읽기

설교자의 눈빛:
비언어적 소통기술

효과적인 메시지 전달을 위해서는 비언어적 소통에 대해 정확하게 이해하고 그것을 위한 효과적 소통기술을 반복적으로 익혀야 한다. 미국 UCLA 대학의 메라비안(Albert Mehrabian) 교수에 의해 진행된 흥미로운 연구의 결과에 따르면, 청중이 메시지를 신뢰하도록 영향을 미치는 요소의 비중은 다음과 같다.[131]

청중이 메시지를 받아들이는 신뢰도(100% 기준)

언어적 요소: 7%

음성적 요소: 38%

시각적 요소: 55%

　다소 놀라운 이 결과에 따르면 언어를 통해 전해지는 내용보다 목소리의 음색이나 고저, 표정, 눈 맞춤 같은 비언어적 소통 요소가 메시지의 신뢰도에 93퍼센트나 되는 영향력을 미치는 것을 볼 수 있다. 물론 이런 결과만 가지고 언어적 요소인 메시지의 내용이 중요하지 않다고 말해서는 안 된다. 이 조사는 메시지의 내용에 거짓된 것이나 논리적 모순이 없다는 것을 전제로 했기 때문이다. 그럼에도 이 연구결과는 비언어적 요소가 메시지의 신뢰도에 얼마나 중요한 영향을 미치는지 잘 보여준다. 이후 여러 연구에서 메시지의 신뢰도에서 언어적 요소의 영향력을 더 높이 잡아보려는 시도가 있었다. 그러나 언어적 요소의 영향력이 최대 30~35퍼센트를 넘지 못한 것으로 조사됐다.[132] 결국 메시지의 신뢰도에서 비언어적 요소가 최소 65퍼센트를 차지하고 있는 것이다. 그렇다면 비언어적 요소를 효과적인 전달의 결정적 요인으로 보아야 한다.

　설교에서도 비언어적 소통기술은 매우 중요하다. 설교자의 음성, 표정, 눈 맞춤, 몸짓들이 청중의 마음에 중요한 영향을 미친다. 그러므로 설교자는 다음과 같은 비언어적 소통기술을 잘 활용해 효과적으로 메시지를 전달해야 한다.

1. 용모와 복장

　설교자의 용모와 복장에 대한 절대적인 규칙은 없다. 설교할 장소, 시간, 대상에 따라 달라질 수 있기 때문이다. 그럼에도 가장 기본적인 원칙이 있다. 깔끔하고, 정중해야 한다. 설교를 듣는 중에 설교자의 용모와 복장이 눈에 거슬린다면 문제가 있는 것이다. 그런 용모와 복장은 청중의 집중력을 흐트러트린다. 파솔의 말처럼 설교자가 너무 과도하게 입거나 혹은 너무 적게 입을 때 문제가 될 수 있다.[133] 과도하게 입는다는 것은 너무 색이 많거나 강한 것, 너무 딱딱한 복장, 이것저것 너무 많이 걸친 것을 말한다. 너무 적게 입은 것은 노출이 심하거나 분위기에 맞지 않게 지나치게 캐주얼한 것을 말한다. 양극단에 빠지지 않게 적절하게 입고, 용모를 단정히 하라.

2. 다양한 목소리

설교자는 효과적인 전달을 위해 다양한 목소리와 음성을 사용할 줄 알아야 한다.[134] 다양한 목소리의 속도를 연습하라. 본문을 차분히 설명하기 위해서는 보통 속도로, 긴장감을 주기 위해서는 빠른 속도로, 강조를 위해서는 천천히 또박또박 말하라. 말의 속도와 더불어 음량의 조절도 메시지 전달에서 매우 중요한 역할을 감당한다. 보통 음량으로 명확하게 메시지를 전달하는 것을 기본적으로 연습하라. 큰 음량은 주로 메시지를 강조할 때 사용하라. 작은 음량은 메시지에 긴장을 불어넣거나 강조할 때 효율적이다. 때로는 작은 음량이 큰 음량보다 더 메시지를 효과적으로 강조할 수 있다. 목소리의 고저로도 메시지를 효과적으로 전달할 수 있다. 본문의 분위기에 따라 때로는 높은 소리로, 때로는 중저음으로 메시지를 전달하라. 다양한 목소리를 구사할 수 있는 것은 지속적인 연습을 통해서만 가능하다. 관련 서적을 읽고 매일 연습하라.[135] 우리도 황금목소리의 주인공이 될 수 있다.

3. 제스처

효과적인 메시지 전달에서 빼놓을 수 없는 것이 바로 제스처다. 제스처를 사용하는 목적은 메시지를 강조하는 것이다. 제스처 사용에서 가장 기본적인 원칙은 자연스러움과 다양함이다.[136] 메시지를 강조하기 위해 어떤 제스처를 사용할 것인지 미리 생각하라. 그리고 자연스럽게 표현되도록 반복적으로 연습하라. 또한 다양한 제스처를 사용해야 한다. 한 동작만을 계속 반복하면 청중의 집중력이 떨어질 뿐 아니라 메시지를 듣는 데 방해가 된다. 양팔을 앞으로 쭉 뻗기, 한쪽만 뻗기, 약간 구부린 듯 위로 뻗기, 양쪽으로 벌리기, 한 손을 위로 들어 하늘 가리키기, 주먹을 쥐고 결단하듯 가슴 쪽으로 들기, 손바닥을 펴서 초청하듯 내밀기 등 다양한 동작이 가능하다. 한 가지 기억할 것은 너무 많은 제스처는 때로 메시지 전달에 방해가 될 수 있다는 것이다. 제스처는 메시지를 강조하기 위해 꼭 필요할 때만 사용하라.

4. 표정

설교자가 어떤 표정을 지으면서 메시지를 전달하는지에 따라 청중의 마음이 열리기도 하고 닫히기도 한다.[137] 과거에는 설교자의 얼굴이 잘 보이지 않았다. 그러나 최근 많은 교회가 고화질의 대형 스크린을 사용하고 있기 때문에 설교자의 표정이 그대로 드러난다. 자연스럽게 설교자의 표정이 메시지 전달에 미치는 영향이 커질 수밖에 없는 환경이 된 것이다. 메시지를 전달하면서 설교자가 어떤 표정을 지어야 하는지에 대한 기본 원칙은 '본문에 나타난 분위기를 반영한 표정을 지으라'이다. 종종 화난 표정으로 설교하는 사람들을 본다. 인상을 꽉 쓰고, 미간을 찡그리며 말한다. "하나님은 사랑이십니다. 여러분도 서로를 사랑하세요." 메시지에 자연스럽지 않은 표정이다. 사랑에 대한 본문의 내용을 설교하고 있다면 미소와 따뜻함이 담긴 표정으로 설교하라. 심판에 대해 설교한다면 진지하고 경고의 느낌이 나는 표정으로 설교하라. 어떤 사실을 객관적으로 전달해야 할 때는 차분하고 자연스러운 표정으로 전달하라. 사실 어떤 메시지를 전달하든 설교자의 표정은 늘 진지하면서도 따뜻하고 청중에 대한 애정이 담겨 있어야 한다.

5. 눈 맞춤

눈 맞춤은 성공적인 메시지 전달을 위해 가장 중요한 요소로 꼽힌다.[138] 실제로 설교자가 사람들과 적절하게 눈을 맞추면서 메시지를 전할 때 청중이 경청하는 것을 볼 수 있다. 기독교 및 일반 스피치 전문가 데커(Bert Decker)는 효과적인 눈 맞춤을 위해 다음과 같은 원칙을 이해하고 연습할 것을 제안했다.[139] 1) 청중의 참여를 위해 사용하라. 즉 개인적인 친밀감 혹은 적대감을 드러내기 위해 한 사람, 혹은 한 장소의 사람들을 너무 오랫동안 쳐다보지 말라. 2) 다섯을 세라. 청중의 참여를 유도하기 위해 청중을 5초 동안 바라보라. 5초의 시각을 유지하기 위해 다섯까지 세는 연습을 하면 된다. 3) 확신 있는 눈으로 바라보라. 청중은 설교자의 초조함이나 공포를 그 눈을 통해 금방 알 수 있다. 부드럽지만 확신 있는 눈으로 사람들을 보라. 4) 불필요하게 눈을 감지 말라. 눈 맞춤의 대상을 바꿀 때 자연스럽게 옮기라. 심오한 느낌, 거룩한 느낌을 주기 위해 일부러 눈을 감으면 청중은 설교자가 자신들에게 관심이 없다고 생각할 수 있다.

이런 기본 원칙들을 생각하면서 좌우 열, 위아래층의 청중과 일정한 간격으로 자연스럽게 눈 맞춤 하는 연습을 하라. 곧 눈빛만으로도 메시지를 전달할 수 있는 때가 올 것이다.

설교자의 땀: 계속되는 훈련

존 파이퍼의 말처럼 하나님께 세움받은 설교자는 "죄에 대한 증오, 하나님 안에서 기뻐함, 그분의 약속으로 인한 소망 등의 거룩한 감흥을 불러일으키는 것을 목표로 한다."[140] 이 목표를 이루기 원한다면 설교자는 지속적으로 땀을 흘리며 쉼 없이 훈련을 해야 한다. 이 훈련에는 설교자의 영성과 설교를 위한 실제적인 노력이 포함된다. 우리는 끊임없이 성장하며 변함없이 쓰임 받는 설교자가 되기 위해 다음과 같은 자세와 원칙을 가지고 계속 땀을 흘려야 한다.

1. 거룩한 소명에 대한 자각

자신이 하나님의 진리를 전하는 말씀의 종으로 부름 받았다는 것을 깊이 인식하라. 거룩한 소명의 인식이 쉼 없는 땀으로 이어진다.

2. 늘 배우려는 자세

성장하는 설교자는 늘 배우려는 설교자다. 어린아이에게서도 배울 수 있는 마음을 가져야 한다. 나는 학생들을 가르치면서 가장 많이 배운다. 그들의 설교를 통해 깨닫고 성장한다. 설교자는 스스로를 열어 흡수하는 만큼 성장한다.

3. 설교 방법론에 대한 명확한 이해

설교의 주요 이론과 최신 기법들을 주기적으로 공부하라. 1년에 두세 권의 설교학 책을 읽으라. 너무 많은 책을 읽는 것보다, 중요한 책을 꼼꼼하게 읽으면서 설교학 이론과 기법을 명확하게 이해하라. 이렇게 할 때 자신의 설교 수준이 어느 정도인지, 앞으로 어떤 분야를 발전시켜야 하는지 자연스럽게 깨달을 수 있다.

4. 지속적인 연습

명확한 이해만큼 중요한 것이 지속적인 연습이다. 머리로 이해된 좋은 것들을 자신의 설교로 표현하려면 땀 흘리는 과정이 반드시 필요하다. 자신이 시급하게 성장해야 할 부분부터 연습하라. 잘못된 부분을 바로잡고 새로운 기법을 도입해 성장하는 데 최소 3개월이 걸린다. 한 번의 땀으로 건강한 몸이 만들어지지 않는다. 지속적인 땀만이 그것을 가능케 한다. 설교도 마찬가지다. 나는 종종 학생들에게 말한다. "설교학 기법을 명확히 이해하려면 다섯 번 강의를 들으라. 그것을 사용해 좋은 설교를 만들려면 백 번 연습하라." 과장 같지만 사실이다.

5. 깊은 영성 쌓기

영혼을 울리는 설교, 삶을 변화시키는 설교, 하나님의 영광이 드러나는 설교는 결국 깊은 영성의 결과다. 지적인 노력이 필요 없다는 것이 아니다. 우리는 최선을 다해 본문을 연구하고 고투하며 설교를 준비해야 한다. 그러나 결국 하나님이 우리의 설교를 도와주셔야 한다. 성령께서 역사해주셔야 한다. 우리가 하나님 앞에 엎드릴 때 그분은 우리를 도와주실 것이다. 연약한 우리가 간절히 매달릴 때 성령께서 강하게 역사하실 것이다. 거듭 강조한다. 설교자의 영성을 통과하지 않은 설교는 건조하다. 그러나 설교자의 깊은 영성을 통과한 말씀은 깨끗하고 신선한 생수와 같아 영혼의 갈증을 풀어준다. 좋은 설교자가 되기 원하는가? 그러면 먼저 깊은 영성의 사람이 되라.

지금까지 성장하는 설교자가 되기 위한 자세와 원칙을 간단하게 살펴보았다. 이것을 바탕으로 지속적으로 땀을 흘릴 때 우리의 설교를 통해 역사하시는 하나님을 체험할 수 있을 것이다. 자, 이제 좋은 설교자가 되기 위해 단단한 마음을 가지고 땀 흘릴 준비를 하자. 첫 시도로 우리가 해야 할 것은 설교 실례를 가지고 지금까지 배운 것이 어떻게 설교문에서 구체적으로 사용되고 있는지 살펴보는 것이다. 그 후에 배운 것들을 활용해 스스로 설교를 작성해보자.

7장

보 는 기 쁨, 되 는 즐 거 움:
설 교 실 례 와 실 습

아, 이거구나:
설교 실례

이제 마지막으로 설교 실례를 살펴보고 설교 실습을 해야 할 시
간이 되었다. 우리가 잘 아는 것처럼 실례는 분명한 이해를 주고, 실
습은 습득의 확실한 기회를 준다. 곧 살펴볼 두 개의 설교 실례는 본
문이 이끄는 설교를 위한 단계들이 어떻게 사용되었는지 구체적으
로 보여줄 것이다. 설교 실례에 녹아 있는 방법론을 파악할 수 있다
면 이제 본문이 이끄는 설교를 할 수 있는 가능성이 커진 것이다. 그
렇다면 주저하지 말고 설교 실습을 통해 본문이 이끄는 설교를 직접
만들어보라. 자신도 깜짝 놀랄 만한 본문이 이끄는 설교가 만들어지
는 것을 볼 수 있을 것이다.

하나님 앞에 조연은 없다

"에훗 후에는 아낫의 아들 삼갈이 있어 소 모는 막대기로 블레셋 사람 육백 명을 죽였고 그도 이스라엘을 구원하였더라"(삿 3:31).

서론

오늘 본문은 딱 한 절입니다. 본문이 너무 짧으니 듣는 사람뿐 아니라 말씀을 전해야 하는 설교자도 당황스럽습니다. 그러나 이 짧은 한 절 속에 깊은 영적 울림이 있습니다. 과연 그것이 무엇인지 귀 기울여 보십시오.

본론

먼저 삼갈이 등장하기 전의 역사적 상황을 잠시 살펴봅시다. 삼갈이 등장하기 전 두 번째 대사사 에훗이 에글론 왕을 죽이고 모압 사람들의 손에서 이스라엘을 구원했습니다. 그 결과 80년간의 평화가 이스라엘 땅에 있었습니다. "그날에 모압이 이스라엘 수하에 굴복하매 그 땅이 팔십 년 동안 평온하였더라"(삿 3:30). 사사 시대에 반복되는 일정한 영적 패턴이 있었습니다. 이스라엘이 우상숭배에 빠져 영적으로 타락합니다. 그때 하나님은 이방 민족들을 사용하셔서 이스라엘을 압제당하게 하십니다. 그러면 이스라엘은 고통 속에서 하나님을 찾습니다. 이때 하나님은 사사를 보내주셔서 이스라엘을 다시 구원해주십니다. 그런데 일정한 평화의 시기가 지나면 이스라엘은 다시 우상숭배로 타락합니다. 이런 반복을 그린스팬(Greenspan), 영거(Younger) 등의 학자들은 사사기의 '순환적 싸이클'(cyclinical cycle)이라고 불렀습니다. 오늘 본문에 나와 있지 않지만, 이런 패턴을 볼 때 에훗 시대 80년간의 평화 이후 이스라엘이 또 하나님 앞에 죄악을 저질렀던 것 같습니다. 그러자 블레셋 사람들이 이스라엘을 괴롭혔습니다. 바로 이때 사사로 부름 받은 사람이 삼갈이었습니다.

삼갈은 사사기에 등장하는 6명의 소사사(삼갈, 돌라, 야일, 입산, 엘론, 압돈) 중 첫 인물이었습니다. 소사사들은 대사사가 등장하기 전 간략하게만 기록된 사사들입니다. 그들의 기록이 자세하지 않고 간략하게만 기록되어 있기 때문에 소사사라고 부릅니다. 사사기에서 이들은 어찌 보면 주연이 아닌 조연 같은 인물처럼 보입니다. 소사사의 첫 인물 삼갈은 단 한 절로 기록되어 있습니다. 사사기 5장 6절에서 아주 짧게 다시 언급되지만, 삼갈이 단독으로 언급된 것은 본문 한 절밖에는 없습니다. 삼갈은 정말 조연에 불과한 것처럼 보입니다.

이제 사사기의 조연 같은, 깜빡거리다 사라진 불빛 같은 삼갈이 누구인지 살펴봅시다. 성경은 그를 자세히 기록하지 않았기 때문에 우리는 그가 누구인지 정확히 알 수 없습니다. 그래서 구약학자들은 고대 근동 배경과 언어 분석을 통해 그가 누구인지 추적합니다. 마이슬러(Maisler)의 연구에 따르면 삼갈이라는 이름은 고대 근동 문서 중 누지문서(Nuzi Tablets)에서 발견되는데, 당시 가나안 지역에서 활동하던 후리아 사람(Hurrian)의 이름이었습니다. 그래서 소긴(J. Alberto Soggin), 블락(Block) 같은 대부분의 구약학자는 삼갈을 후리아 사람, 즉 이방인이라고 봅니다. 삼갈을 이방인으로 보는 결정적인 이유가 또 있습니다. 본문에서 그는 '아낫의 아들'이라고 되어 있

습니다. 히브리어 '벤 아낫'을 번역한 것입니다. 여기서 '아낫'(Anath)
은 사람 이름이 아닙니다. 아낫은 가나안 신화에 등장하는 전쟁의
여신입니다. 삼갈이 이방 여신 아낫의 아들로 불린 것을 보니, 과거
아낫을 섬겼던 이방인 집안 출신이었던 것 같습니다. 놀랍습니다.
이방인, 그것도 이방신을 섬겼던 이방인 집안에서 사사가 나온 것입
니다. 우리는 여기서 중요한 사실 하나를 깨닫습니다.

첫째, 하나님은 종종 우리가 예상치 못한 인물을 쓰십니다.

삼갈은 이방인, 그것도 이방신을 섬겼던 집안에서 자란 인물이었
습니다. 그런 그가 어떻게 하나님을 만났는지는 성경에 기록되어 있
지 않습니다. 그러나 삼갈은 분명 하나님을 만났고, 사사로 부름 받
았으며, 그분께 쓰임 받았습니다. 이방인이었던 그가 쓰임 받은 것
입니다. 구약 역사를 살펴보십시오. 하나님은 이스라엘 백성도 쓰셨
지만, 하나님을 진실하게 찾는 이방인도 쓰셨습니다. 그들의 믿음이
완전하지는 않았지만, 하나님은 그들의 작은 믿음도 귀히 보시고 쓰
셨습니다. 하나님의 역사를 듣고 정탐꾼들을 도와 하나님의 편에 선
기생 라합을 생각해보십시오(수 2:8-21). 시어머니 나오미의 하나님
을 자신의 하나님으로 믿고 따라 다윗의 조상이 된 룻을 생각해보십
시오(룻 1:15-18).

하나님은 준비된 사람도 쓰시지만, 우리가 전혀 예상치 못한 사
람도 쓰십니다. 우리가 하나님을 만나고 부르심을 받을 때, 우리의
과거는 문제 되지 않습니다. 이방 여신을 섬겼던 이방 집안 출신의
삼갈을 생각해보십시오. 우리의 부족하고 부끄러운 과거에 매여 나
는 쓰임받지 못할 것이라고 단정해서는 안 됩니다. 그 누구든 살아

계신 하나님을 만날 때, 과거의 부족과 한계는 극복될 수 있습니다. 그분의 일꾼으로 부름 받고, 쓰임 받을 수 있습니다. 우리 또한 누구도 예상치 못했으나 하나님께 쓰임 받는 바로 그 사람이 될 수 있습니다.

둘째, 하나님은 종종 우리가 예상치 못한 도구를 쓰십니다.

삼갈에 대해 살펴보면 또 우리를 놀라게 하는 것이 있습니다. 바로 그가 적과 싸웠던 무기입니다. 삼갈은 블레셋 사람 600명을 죽였는데 그때 그가 사용한 무기는 소 모는 막대기였습니다. 당시에 발견된 유물이나 자료를 보면 소 모는 막대기는 둘레가 1.5센티미터, 길이가 2.4미터 정도 되는 단단한 막대기였던 것 같습니다. 그 끝에는 소들을 자극하여 전진하게 하거나 방향을 돌리도록 뾰족한 금속 조각을 달아놓기도 했습니다. 삼갈이 이런 막대기로 당시 창, 둥근 방패, 길고 넓은 칼, 삼각 단검으로 무장하고 잔혹하기로 유명했던 블레셋 사람들을 이길 수 있었다니 놀랍습니다.

그러나 본문은 분명히 말합니다. "삼갈이 있어 소 모는 막대기로 블레셋 사람 육백 명을 죽였고." 삼갈의 소 모는 막대기는 블레셋 사람의 무기에 비하면 너무 보잘것없는 것이었습니다. 그러나 하나님이 그를 도와주셨습니다. 삼갈이 소 모는 막대기를 잡았을 때 그것은 그야말로 소를 모는 막대기일 뿐이었습니다. 그러나 하나님께서 그의 소 모는 막대기를 잡았을 때는 블레셋을 이기는 강력한 무기가 되었습니다. 그렇습니다. 내가 가진 도구가 무엇인지보다 내가 가진 도구를 누가 잡는지가 더욱 중요합니다. 내가 잡으면 그저 인간의 도구에 불과한 것이, 하나님이 잡아주시면 기적의 도구가 됩니다.

한 설교자가 열심히 설교를 하고 있었습니다. 그런데 한 사람이 뻬딱한 자세로 설교를 들으며 무엇인가를 열심히 적었습니다. 설교가 끝나자 그는 설교자에게 다가와 다음과 같이 이야기했습니다. "당신의 언어능력은 형편이 없군요. 당신이 설교하는 동안 내가 체크해 보니 부적절한 단어 사용, 문법 오류, 틀린 억양 등 서른 번 이상의 실수가 있었습니다. 어떻게 당신 같은 사람이 설교를 할 수 있단 말입니까?" 설교자는 아무 말 없이 잠시 침묵을 지키다 다음과 같이 대답했습니다. "맞습니다. 저의 언어능력은 부족합니다. 저처럼 언어적으로 부족한 사람도 이렇게 하나님께서 쓰시는데 당신같이 뛰어난 언어능력을 가진 분이 그분께 헌신하면 얼마나 많은 일을 할 수 있겠습니까?" 설교자를 비판하던 그는 얼굴을 붉히며 조용히 사라졌습니다. 이 설교자가 누구입니까? 미국의 전설적인 전도자요, 부흥가인 무디입니다. 비록 부족한 언어능력을 가진 자였으나 하나님께 붙들렸을 때 무디는 위대한 하나님의 역사의 도구로 쓰임 받았습니다.

언제까지 자신의 인생에 좋은 도구가 없다고 한탄만 할 것입니까? "나는 재능이 별로 없어. 나는 공부도 많이 못 했어. 내가 가진 돈은 이것뿐이야. …" 언제까지 자신이 가진 것이 부끄럽고 보잘것없다고 한숨만 쉬겠습니까? 삼갈의 이야기는 우리에게 분명하게 말하고 있습니다. 우리 인생의 소 모는 막대기도 하나님께 붙잡히면 역사를 일으킬 수 있다고! 모세의 지팡이가 하나님의 손에 잡혔을 때 홍해를 갈랐습니다. 어린 다윗의 물매를 하나님이 잡아 사용하시니 거인 골리앗이 쓰러졌습니다. 어린아이의 작은 떡 다섯 개와 물고기 두 마리가 주님의 손에 들리니 오천 명을 먹였습니다. 자신이 가진 것이 막대기같이 부족하다고 한탄만 하지 마십시오. 막대기처럼 부족하지만 내 것을 써주서서 하나님의 역사를 이루어달라고 기도해야 합니다.

셋째, 하나님 앞에 우리 모두 주연입니다.

마지막으로 삼갈의 이야기는 우리에게 하나님 앞에 조연은 없다는 사실을 깨닫게 합니다. 삼갈, 한 줄로 표현된 인생, 그러나 그는 하나님께 귀하게 쓰임 받은 사람이었습니다. 어쩌면 사사기에서 대사사가 아니라 소사사이기에 주연이 아닌 조연처럼 보입니다. 그러나 삼갈의 이야기는 어떤 사람이든 하나님의 일꾼이 될 수 있다는 희망을 주고 있습니다. 삼갈이 승리를 거둔 후 이스라엘에 몇 년간의 평화가 있었는지 본문에 기록되어 있지 않습니다. 그러나 분명삼갈은 이스라엘을 블레셋의 압제에서 구원했습니다. 본문에서는 이 사실을 '그도'라는 말로 강조했습니다. "그도 이스라엘을 구원하였더라." 이 정도면 되는 것 아닙니까? 비록 사사기의 주인공 대사사는 아니지만, 단 한 줄로 요약되었지만, 이 정도면 되지 않겠습니까?

우리가 대사사인지 소사사인지는 중요하지 않습니다. 큰 일꾼이면 어떻고 작은 일꾼이면 어떻습니까? 하나님께서 쓰시는 도구면 되는 것 아닙니까? 사실 하나님 앞에 조연은 없습니다. 세상에서는 어떤지 모르지만 하나님 앞에, 그분의 눈에 우리 모두는 소중한 주연인 것입니다.

결론

삼갈은 막대기 하나를 잡고 싸움에 나갔습니다. 사실 삼갈이 막대기를 잡은 것이 아니라, 막대기같이 보잘것없는 삼갈을 하나님이 잡으셨습니다. 그 결과는 승리였습니다. 여기 자신의 인생이 막대기같이 보잘것없다고 절망하시는 분이 있다면, 삼갈을 잡으셨던 하나님이 오늘 여러분을 잡아주시길 기도하십시오. 우리도 승리할 수 있습니다.

설교 실례 파악하기

하나님 앞에 조연은 없다(삿 3:31)

1. 본문 연구 파악

설교문에서 다음 사항이 사용된 부분을 찾으라.

1) 근접 문맥 연구:
2) 전체 문맥 연구:
3) 단어 연구:
4) 문법 연구:
5) 배경 연구:
6) 본문 해석 및 신학 파악:

2. 중심 메시지(CMT) 파악

설교문에 나타난 중심 메시지는 무엇이었는가?

3. 연관성 파악

설교문에서 연관도구들이 사용된 부분을 찾으라.

1) 연관 문장:
2) 연관 예화:
3) 연관 질문:

4. 적용점 파악

1) 일반적 적용이 사용된 부분을 찾으라.
2) 구체적 적용이 사용된 부분을 찾으라.

〈설교 실례 2〉[142]

바울, 갑을관계를 뒤집다

"이후로는 종과 같이 대하지 아니하고 종 이상으로 곧 사랑받는 형제로 둘 자라 내게 특별히 그러하거든 하물며 육신과 주 안에서 상관된 네게랴 그러므로 네가 나를 동역자로 알진대 그를 영접하기를 내게 하듯 하고 그가 만일 네게 불의를 하였거나 네게 빚진 것이 있으면 그것을 내 앞으로 계산하라"(몬 16-18절).

서론

현재 한국사회는 대화를 기반으로 여러 분야의 갈등을 해소하기 위해 노력하고 있습니다. 그러나 이런 노력들이 구체적인 열매를 맺기는 쉽지 않아 보입니다. 한 예로 노사관계는 늘 풀기 어려운 과제로 언급됩니다. 이익을 창출하고 분배하는 과정에서 서로의 입장과 그에 따른 정책들이 심각한 갈등을 만들어내기 때문입니다. 다양한 노사문제와 산업체들의 갈등관계가 소위 '갑을관계'로 표현되며 이슈화되고 있습니다. 이에 정부와 각종 경제단체들이 다양한 노력을 통해 갑을관계 갈등의 해결점을 찾고 있습니다. 그렇다면 우리 그리스도인들은 어떤 관점을 가지고 노사관계 및 갑을관계를 바라보아야 할까요? 우리가 몸담고 있는 일터에서 우리는 이 문제를 구체적으로 어떻게 풀어가야 할까요? 오늘 본문에서 바울은 우리에게 조용하지만 분명하고 깜짝 놀랄 만한 제안을 하고 있습니다.

본론

1절에 따르면 편지의 저자는 바울입니다. AD 60~70년경 바울이 감옥에서 이 편지를 쓴 것으로 보입니다. 수신자는 빌레몬인데, 그는 골로새 교회의 지도자이며 바울의 동역자였습니다. 바울은 이 편지를 통해 빌레몬에게 무엇인가를 간곡히 부탁했습니다. 그것은 바로 오네시모의 문제였습니다. 편지의 주요 내용은 오네시모를 다시 빌레몬에게 보내겠다는 것이었습니다. 16절에 따르면 오네시모는 빌레몬의 '종'이었습니다. 당시 사회에서 종, 노예는 흔히 '말하는 짐승'으로 여겨졌습니다. 현대사회의 고용주와 고용인의 관계와는 비교될 수 없는 불변의 상하관계였습니다. 지금으로 말하면 종은 주인 앞에 '을'입니다. 영원한 '을'이었습니다. 반면 주인은 종의 목숨까지 좌지우지할 수 있는 위치였습니다. '갑'인 것입니다. 그것도 '슈퍼 갑'이었습니다.

그런데 궁금함이 생깁니다. 어떻게 빌레몬의 종 오네시모가 바울을 알게 된 것일까요? 자세한 상황은 모르나, 많은 주석가가 다음 구절을 통해 그 답을 찾을 수 있다고 생각합니다. "그가 만일 네게 불의를 하였거나 네게 빚진 것이 있으면 그것을 내 앞으로 계산하라 나 바울이 친필로 쓰노니 내가 갚으려니와 네가 이 외에 네 자신이 내게 빚진 것은 내가 말하지 아니하노라"(몬 18-19절). 바울은 오네시모가 빌레몬에게 재정적 손해를 끼친 것이 있으면 자신에게 청구하라고 말했습니다. 그러니 아마 오네시모가 빌레몬 밑에 있을 때 그의 재산에 불의한 일, 즉 재산을 빼돌리거나 훔쳤던 것 같습니다. 그때나 지금이나 재정 횡령은 심각한 범죄입니다. 심한 처벌을 받을 것이 뻔했기에 오네시모가 도주했던 것 같습니다. 그는 당시 범죄자들이 그랬듯이 지중해 연안을 숨어다니다 그 지역의 로마 군인에게 잡혀 결국 감옥 신세를 지게 된 듯합니다. 오네시모는 이제 약자 '을'일 뿐 아니라, 처벌을 피해갈 수 없는 범죄자 '을'이 되었습니다.

끝장난 것 같은 인생 오네시모가 감옥에서 바울을 만났습니다. 바울은 오네시모에게 복음을 전했고, 그는 신앙인이 되었습니다. 바울이 오네시모를 얼마나 사랑했는지 그를 "갇힌 중에서 낳은 아들"(몬 10절)이라고 말할 정도였습니다. 또한 그를 자신의 '심복'(몬 12절)이라고도 표현했습니다. 오네시모 또한 힘을 다해 바울을 섬기며 도왔습니다. 빌레몬서 13절을 보니 바울은 그런 그를 곁에 두고 싶어 했습니다. 그러나 이것은 로마법에도, 그리스도인의 도리에도 벗어나는 것이었습니다. 그래서 오네시모를 다시 원래 주인 빌레몬에게 보내려고 한 것입니다. 이런 상황에서 바울은 빌레몬에게 친필 편지로 간곡히 부탁했습니다. 오네시모를 용서하라고. 종이 아닌 형제로 받아들이라고. 마치 자신을 받아들이듯 환대해 달라고. "이후로는 종과 같이 대하지 아니하고 종 이상으로 곧 사랑받는 형제로 둘 자라 내게 특별히 그러하거든 하물며 육신과 주 안에서 상관된 네게랴 그러므로 네가 나를 동역자로 알진대 그를 영접하기를 내게 하듯 하고"(16-17절). 그렇습니다. 바울은 지금 놀랍게도 빌레몬에게 오네시모를 용서하고 당대 주인과 종의 관계를 뛰어넘어 그를 형제로 받아들이라고 한 것입니다. 그리스도의 사랑으로 주인-종 관계의 틀을 뒤집으라고 말한 것입니다.

우리가 살아가는 현대사회에는 바울 시대의 주인과 종의 관계는 없습니다. 그러나 불평등한 노사관계나 강압적 갑을관계는 현대판 주종관계의 느낌을 줄 때가 많이 있습니다. 회사의 목표를 위해서라면 고용인들은 물불을 안 가리고 뛰어들어야 합니다. 가정도 신앙도 뒤로한 채 일에 빠져 살아야 합니다. 갑의 일방적 지시에 한마디 말도 못 하고 주어진 할당목표를 채워야 합니다. 이름만 달라졌지 내용은 주종관계 아닙니까? 이런 현대판 주종관계에서 한 개인이 오네시모처럼 회사에서 재정적 실수를 했다고 생각해봅시다. 한 판매점이 실수로 본사의 판매 전략에 오점을 남겼다고 생각해봅시다. 어떤 결과가 벌어지겠습니까? 즉시 판매점 제재, 혹은 인사 강등 배치나 해고를 당할 것입니다. 잠시 이런 상황 가운데 우리가 그리스도인 기업운영자라고 생각해보십시오. 실수한 개인과 판매점을 어떻게 처리하겠습니까? 쉽게 이해하고, 용서하고, 다시 기회를 줄 수 있을까요? 솔직히 그렇게 하기 힘들 것입니다. 그렇다면 빌레몬은 어땠겠습니까? 그의 재산에 손해를 입힌 범죄자 을, 오네시모를 어떻게 해야 할까요? 인간적으로는 도저히 오네시모를 이해하거나 용서

할 수 없었을 것입니다. 더군다나 형제로 받아들이는 것은 불가능한 것처럼 보였을 것입니다.

앞에서 살펴본 것처럼 바울은 빌레몬에게 오네시모를 형제로 받아들이라고 간곡히 부탁했습니다. 바울은 다시 오네시모에게 기회를 주고, 그를 회복시켜주고 싶었던 것입니다. '오네시모'는 당시 노예 이름 중에 흔한 이름이었습니다. 그 뜻은 '쓸모 있는'입니다. 영어로 말하면 'Mr. Useful', 한국말로 하면 '쓸 만한 자' 정도가 될 것입니다. 노예 이름으로 딱 어울립니다. 그런데 이 쓸 만한 자가 주인에게 나쁜 짓을 해서 쓸모없는 자가 되었습니다. 그 후 감옥에서 바울을 만나 그는 다시 유익하게 되었습니다. 바울은 지금 오네시모의 이름을 사용해(언어유희) 빌레몬에게 당부한 것입니다. 오네시모에게 기회를 주고 다시 그를 회복시키라고. "그가 전에는 네게 무익하였으나 이제는 나와 네게 유익하므로 네게 그를 돌려보내노니 그는 내 심복이라"(몬 11-12절). 바울은 이렇게 오네시모에게 기회를 주고 그를 회복시키기 위해 자신의 관계적, 신앙적, 문학적 힘을 다해 빌레몬에게 부탁했습니다. 그뿐 아니라 오네시모의 재정적 잘못을 자신이 책임지겠다고까지 말했습니다(몬 18절).

우리 시대에 이런 바울의 가르침을 실천하고자 노력하는 그리스도인 사업가들이 필요합니다. 무조건 고용인들을 이해하고 용서하고 손해까지 감수해야 한다는 것은 아닙니다. 그러나 성경이 제시하는 이런 예를 통해 자신의 모습을 돌아보고, 고민해보고, 좋은 그리스도인 기업가가 되기 위해 노력해야 한다는 것입니다. 이런 성숙한 사람들이 많아질 때 우리 사회는 지금과 다른 모습으로 조금씩 변해갈 것입니다. 그리스도인 기업가들이 실수한 개인에게, 관련 사업체에게 다시 가르쳐주고, 기회를 주고, 원래의 모습으로 가능성을 꽃피울 수 있도록 도와준다면 조용하지만 분명한 변화가 경제계에서 시작될 것입니다.

결론

빌레몬은 바울의 당부대로 오네시모를 형제로 받아들였을까요? 대부분의 주석가가 그랬을 것이라고 봅니다. 바울은 이미 빌레몬의 순종을 너무나도 확신하고 있었기 때문입니다. "나는 네가 순종할 것을 확신하므로 네게 썼노니 네가 내가 말한 것보다 더 행할 줄을 아노라"(몬 21절). 놀랍습니다. 당시 사회에서의 주종관계가 그리스도 안에서의 형제관계로 변한 것입니다! 이 엄청난 주종관계의 반전을 우리 또한 경험할 수 있을까요? 실수하는 개인과 관련업체에게 다시 가르쳐주고, 기회도 주고, 일어설 수 있는 힘까지 주는 그런 형제관계를 우리의 일터에서 만들어낼 수 있을까요? 쉽지 않지만 이런 놀라운 일들이 그리스도인의 일터에서 일어날 때 믿음의 파장이 주변 사람들과 경제계에 기분 좋은 소문으로 들려지기를 기대해봅니다.

바울, 갑을관계를 뒤집다(몬 16-18절)

1. 본문 연구 파악

설교문에서 다음 사항이 사용된 부분을 찾으라.

1) 근접 문맥 연구:
2) 전체 문맥 연구:
3) 단어 연구:
4) 문법 연구:
5) 배경 연구:
6) 본문 해석 및 신학 파악:

2. 중심 메시지(CMT) 파악

설교문에 나타난 중심 메시지는 무엇이었는가?

3. 연관성 파악

설교문에서 연관도구들이 사용된 부분을 찾으라.

1) 연관 문장:
2) 연관 예화:
3) 연관 질문:

4. 적용점 파악

1) 일반적 적용이 사용된 부분을 찾으라.
2) 구체적 적용이 사용된 부분을 찾으라.

5. 설교 전달 형태와 방법 및 설교문 작성법 파악

1) 설교문에서 사용된 설교 전달 형태는 무엇인가?
2) 설교문에서 사용된 영적인 문장을 찾으라.
3) 설교문을 보강하고 강화한 부분을 찾으라.

정의:
설명:
인용:
통계:
예화:

4) 각 대지의 요점은 어떻게 반복되었는가?
5) 서론과 결론에는 어떤 방법이 사용되었는가?
6) 설교제목 결정에는 어떤 방법이 사용되었는가?

아, 진짜 되네:
설교 실습

두 편의 설교 실례를 살펴보았다. 이제 직접 자신의 설교를 작성해보아야 한다. 처음에는 익숙하지 않고 힘들기 마련이다. 그러나 계속 실습하다 보면 길을 찾을 수 있다. 이제 아래 본문을 가지고 본문이 이끄는 설교 다섯 단계를 거치며 설교를 작성해보라.

"이에 블레셋 사람들이 올라와 유다에 진을 치고 레히에 가득한 지라 유다 사람들이 이르되 너희가 어찌하여 올라와서 우리를 치느냐 그들이 대답하되 우리가 올라온 것은 삼손을 결박하여 그가 우리에게 행한 대로 그에게 행하려 함이로라 하는지라 유다 사람 삼천 명이 에담 바위틈에 내려가서 삼손에게 이르되 너는 블레셋 사람이 우리를 다스리는 줄을 알지 못하느냐 네가 어찌하여 우리에게 이같이 행하였느냐 하니 삼손이 그들에게 이르되 그들이 내게 행한 대로 나도 그들에게 행하였노라 하니라 그들이 삼손에게 이르되 우리가 너를 결박하여 블레셋 사람의 손에 넘겨 주려고 내려왔노라 하니 삼손이 그들에게 이르되 너희가 나를 치지 아니하겠다고 내게 맹세하라 하매 그들이 삼손에게 말하여 이르되 아니라 우리가 다만 너를 단단히 결박하여 그들의 손에 넘겨 줄 뿐이요 우리가 결단코 너를 죽이지 아니하리라 하고 새 밧줄 둘로 결박하고 바위틈에서 그를 끌어내니라 삼손이 레히에 이르매 블레셋 사람들이 그에게로 마주 나가며 소리 지를 때 여호와의 영이 삼손에게 갑자기 임하시매 그의 팔 위의 밧줄이 불탄 삼과 같이 그의 결박되었던 손에서 떨어진지라 삼손이 나귀의 새 턱뼈를 보고 손을 내밀어 집어 들고 그것으로 천 명을 죽이고 이르되 나귀의 턱뼈로 한 더미, 두 더미를 쌓았음이여 나귀의 턱뼈로 내가 천 명을 죽였도다 하니라 그가 말을 마치고 턱뼈를 자기 손에서 내던지고 그곳을 라맛 레히라 이름하였더라 삼손이 심히 목이 말라 여호와께 부르짖어 이르되 주께서 종의 손을 통하여 이 큰 구원을 베푸셨사오나 내가 이제 목말라 죽어서 할례 받지 못한 자들의 손에 떨어지겠나이다 하니 하나님이 레히에서 한 우묵한 곳을 터뜨리시니 거기서 물이 솟아나오는지라 삼손이 그것을 마시고 정신이 회복되어 소생하니 그러므로 그 샘 이름을 엔학고레라 불렀으며 그 샘이 오늘까지 레히에 있더라 블레셋 사람의 때에 삼손이 이스라엘의 사사로 이십 년 동안 지냈더라"(삿 15:9-20).

1. 본문을 묵상하고 연구하라

1. 주어진 본문을 여러 번역본으로 읽고 깨달은 바를 간략하게 기록하라.

2. 다음과 같은 것들을 통해 본문을 연구하고 그 결과를 간략하게 기록하라.

  1) 본문의 근접 문맥:

  2) 본문의 전체 문맥:

  3) 단어 연구:

  4) 문법 연구:

  5) 배경 연구:

  6) 본문 해석 및 신학 파악:

2. 중심 메시지(CMT)를 발견하라

1. 본문의 주제문:

2. 주제질문:

3. 주제질문에 대한 답:

4. 중심 메시지 문장:

5. 중심 메시지를 바탕으로 주해개요를 작성하라.

3. 연관성을 놓으라

1. 본문의 인물을 오늘날과 적절히 연관시키라.

2. 본문의 상황을 오늘날과 적절히 연관시키라.

3. 사용할 연관성의 포커스를 조절하라.

4. 시대를 초월한 구원자 하나님을 드러내라.

5. 연관도구(SSQ)를 사용하라.

4. 적용점을 제시하라

1. 사용할 일반적 적용을 적으라.

2. 사용할 구체적 적용을 적으라.

5. 설교 전달 형태와 방법을 결정하고 설교문을 작성하라

1. 설교 전달 형태를 결정하라.

2. 설교개요를 작성하라.

3. 아래 사항을 생각하며 구체적 설교문을 작성하라.

   1) 설교문의 종류:

   2) 사용할 영적인 문장:

   3) 설교문을 보강하고 강화할 방법

      정의:
      설명:
      인용:
      통계:
      예화:

   4) 각 대지의 요점 반복 시점

   5) 서론과 결론의 대략적 방향

   6) 설교의 제목

〈설교 작성 실례〉143

긍휼, 엔학고레를 주시는 은혜
삿 15:9-20

서론

　세상에는 긍휼함을 얻지 못한 인간이 있습니다. 배신하는 자요, 타락한 자요, 은혜를 모르는 자입니다. 성경에도 이런 인물이 나오는데 바로 우리가 잘 아는 삼손입니다. 삼손은 자신을 사사로 세워주신 하나님을 배신하고, 죄로 타락했습니다. 블레셋 여인과 놀아났고 그녀를 아내로 삼았습니다. 그리고는 블레셋 사람들과 어울리며 재미 삼아 수수께끼로 내기를 걸었습니다. 블레셋 사람들은 삼손의 아내를 협박해 수수께끼의 답을 맞혔고, 삼손에게서 내기의 보상을 받아냈습니다. 화가 난 삼손은 여우 삼백 마리 꼬리에 불을 달아 블레셋 사람들의 곡식과 과일 나무들을 불태웠습니다. "삼손이 가서 여우 삼백 마리를 붙들어서 그 꼬리와 꼬리를 매고 홰를 가지고 그 두 꼬리 사이에 한 홰를 달고 홰에 불을 붙이고 그것을 블레셋 사람들의 곡식 밭으로 몰아 들여서 곡식 단과 아직 베지 아니한 곡식과 포도원과 감람나무들을 사른지라"(삿 15:4-5).

　그러자 이번에는 화가 난 블레셋 사람들이 삼손의 아내와 장인을 붙잡아 불살라 죽였습니다. "블레셋 사람들이 이르되 누가 이 일을 행하였느냐 하니 사람들이 대답하되 딤나 사람의 사위 삼손이니 장인이 삼손의 아내를 빼앗아 그의 친구에게 준 까닭이라 하였더라 블레셋 사람들이 올라가서 그 여인과 그의 아버지를 불사르니라"(삿

15:6). 그러자 분노한 삼손은 블레셋 사람들의 정강이와 넓적다리를 쳐서 죽였습니다. 그리고는 에담 바위틈에 몸을 숨겼습니다. "삼손이 그들에게 이르되 너희가 이같이 행하였은즉 내가 너희에게 원수를 갚고야 말리라 하고 블레셋 사람들의 정강이와 넓적다리를 크게 쳐서 죽이고 내려가서 에담 바위틈에 머물렀더라"(삿 15:7-8). 블레셋의 곡창지대가 불탔습니다. 사람들도 죽었습니다. 블레셋이 가만히 있을 리가 없었습니다. 이제 삼손은 큰 위기에 빠졌습니다. 그의 운명은 어떻게 될까요?

본론

예상대로 블레셋 사람들의 복수가 시작되었습니다. 블레셋 사람들은 삼손을 잡아 죽이기 위해 유다 땅에 진을 쳤습니다. 그 결과 '레히'라는 지역이 블레셋인으로 가득 찼습니다. "이에 블레셋 사람들이 올라와 유다에 진을 치고 레히에 가득한지라"(9절). 갑작스러운 블레셋의 군사 행동에 유다인들이 놀라며 그 이유를 물었습니다. 블레셋 사람들은 자신들이 유다를 치러 온 것이 아니고, 단지 삼손에게 복수하러 온 것이라고 말했습니다. 블레셋 사람들이 고도의 심리압박전을 벌이고 있었던 것입니다. "유다 사람들이 이르되 너희가 어찌하여 올라와서 우리를 치느냐 그들이 대답하되 우리가 올라온 것은 삼손을 결박하여 그가 우리에게 행한 대로 그에게 행하려 함이로라 하는지라"(10절).

그다음 절에서 우리는 기막힌 장면을 봅니다. 유다 사람 삼천 명이 에담 바위틈에 내려가 삼손을 원망했습니다. 그리고 삼손을 설득해 그를 잡고, 블레셋 사람들에게 넘기려 했습니다. "유다 사람 삼천 명이 에담 바위틈에 내려가서 삼손에게 이르되 너는 블레셋 사람이 우리를 다스리는 줄을 알지 못하느냐 네가 어찌하여 우리에게 이같이 행하였느냐 하니 삼손이 그들에게 이르되 그들이 내게 행한 대로 나도 그들에게 행하였노라 하니라"(11절).

유다는 이스라엘의 대표 격인 지파였습니다. 그런데 지금 이들의 말과 행동을 보면 기가 막힙니다. "블레셋 사람이 우리를 다스리는 줄을 알지 못하느냐 …." 블레셋의 압제와 다스림을 당연하게 생각하고 있었습니다. 본문을 자세히 보십시오. 한두 명도 아니고, 유다 사람 삼천 명이 삼손을 설득해 잡으려고 왔습니다. 이 인원이 모였다면 삼손이 아니라 블레셋과 싸워야 하지 않았을까요? 그런데 자기의 동족, 그것도 하나님의 종 사사로 선 사람을 블레셋에게 넘기는 유다 지파를 봅니다. 이것이 사사 시대의 상황이었습니다. 이토록 이스라엘 공동체의 영성은 바닥을 치고 있었던 것입니다.

영적으로 기울고 쇠락하는 가정, 교회, 국가의 특징이 무엇입니까? 본문에 등장하는 유다와 같습니다. 본문에 등장하는 문제가 오늘날 우리에게도 나타나고 있는 것입니다. 적을 쳐야 하는데, 자신의 가족과 가까운 사람을 칩니다. 사탄과 싸워야 하는데, 자신이 속한 공동체의 형제와 자매를 공격합니다. 영성이 바닥난 것입니다. 공동체가 기울고 있다는 증거입니다. 사탄이 기뻐하고 손뼉 칠 일입니다. 사탄을 공격해야 할 성도들이 자기들끼리 싸우고 있으니 사탄이 춤출 일입니다.

이 기막힌 상황에서 삼손은 더는 저항하지 않았습니다. 단, 유다 사람들에게서 자신을 쳐서 죽이지 않겠다는 맹세를 받았습니다. "그들이 삼손에게 말하여 이르되 아니라 우리가 다만 너를 단단히 결박하여 그들의 손에 넘겨 줄 뿐이요"(13a절). 삼손은 동족과 싸우길 원하지 않았던 것 같습니다. 동족의 손에 죽는 것은 더욱 원하지 않았던 것 같습니다. 그는 결국 바위틈에서 나와 유다 사람들에 의해 새 밧줄 둘로 결박당했습니다. 사실 삼손을 묶은 것은 눈에 보이는 밧줄이 아니라, 동족의 배신이라는 밧줄이었습니다. 결국 삼손은 동족에게 묶여 적에게 넘겨지는 처지가 되었습니다. "우리가 결단코 너를 죽이지 아니하리라 하고 새 밧줄 둘로 결박하고 바위틈에서 그를 끌어내니라"(13b절).

유다 사람들이 삼손을 끌고 레히에 이르렀습니다. 그러자 블레셋 사람들이 그를 보고 소리치기 시작했습니다. "삼손이 레히에 이르매 블레셋 사람들이 그에게로 마주 나가며 소리 지를 때"(14a절). 블레셋 사람들의 소리는 무엇이었을까요? '삼손이 잡혀 끌려오고 있다'는 기쁨의 소리였을 것입니다. '너도 이제 한번 고통 속에 죽어봐라' 하는 저주의 소리였을 것입니다. 삼손, 그는 계속 배신당하고 버림받는 경험을 하고 있었습니다. 얼마 전에 죽은 블레셋 아내와 장인이 삼손을 속이고 배신했습니다. 자신의 민족인 유다 사람들에게까지 버림받았습니다. 삼손의 인생은 이제 어찌 되는 것일까요? 누가 그를 긍휼히 여겨줄까요? 누가 그의 곁에서 힘이 되어줄까요?

이렇게 홀로 아무도 없이 버림받아 비참하게 죽게 된 순간, 바로 그때 하나님은 긍휼을 베풀어주시며 그와 함께해주셨습니다. 성령이 그에게 갑자기 임한 것입니다. "여호와의 영이 삼손에게 갑자기 임하시매 그의 팔 위의 밧줄이 불탄 삼과 같이 그의 결박되었던 손에서 떨어진지라"(14b절). 여호와의 영이 갑자기 임하자 삼손은 자신을 묶은 밧줄을 불에 탄 삼과 같이 끊었습니다. 그리고 주변에 있던 새 나귀의 턱뼈를 발견하고 집어 들었습니다. 삼손은 그 나귀 턱뼈로 블레셋인 천 명을 죽였습니다. "삼손이 나귀의 새 턱뼈를 보고 손을 내밀어 집어 들고 그것으로 천 명을 죽이고"(15절).

놀랍습니다. 삼손이 나귀의 새 턱뼈로 천 명을 죽였습니다. 재미있는 것은 14절을 보니 이 사건이 벌어진 지역 이름이 '레히'입니다. 그런데 삼손이 잡은 턱뼈가 히브리어로 '레히'입니다. '레히' 지역에서 죽을 수밖에 없었던 삼손이, 턱뼈 '레히'를 잡고 블레셋 사람들을 죽인 것입니다.

그런데 하나님의 긍휼을 경험한 이 은혜의 순간에 삼손의 안타까운 모습, 뭔가 부족한 모습이 또 나타납니다. 분명 하나님이 하셨는데, 삼손은 자기가 했다고 생각한 것입니다. 그래서 하나님이 하셨다고 고백하지 않았습니다. 하나님을 찾으며 감사하지 않았습니다. 그저 '내가' 했다고 했습니다. "이르되 나귀의 턱뼈로 한 더미, 두 더미를 쌓았음이여 나귀의 턱뼈로 내가 천 명을 죽였도다 하니라"(16절). 이렇게 자기 자랑을 하고 삼손은 턱뼈를 내던졌습니다. 그리고 그곳 이름을 '라맛 레히', '턱뼈의 산'이라고 지었습니다. "그가 말을 마치고 턱뼈를 자기 손에서 내던지고 그곳을 라맛 레히라 이름하였더라"(17절).

안타깝습니다. 지금 탁 턱뼈를 집어 던지고 지명을 지을 것이 아니었습니다. 턱뼈를 내려놓고 탁 무릎 꿇고 감사기도를 드려야 하지 않았을까요? 지명도 '턱뼈의 산'이 아니라 '은혜의 산', 이런 식으로 하나님이 베풀어주신 긍휼에 대한 감사의 말로 지어야 하지 않았을까요? 하나님께서 하신 역사 앞에서 스스로 은근히 자화자찬하는 모습, 자신의 공로를 남기려는 모습, 삼손만의 모습이 아닙니다. 바로 부끄러운 나의 모습, 우리의 모습입니다. 그래서 본문을 보면서 우리도 부끄러움을 느낍니다.

지금까지 살펴본 것처럼 삼손은 천 명을 죽인 후 하나님의 긍휼을 잊고 자화자찬했습니다. 지명도 하나님이 아닌 자신의 업적이 드러나게 지었습니다. 바로 그때 삼손이 힘을 너무 썼던지 목마름을 느꼈습니다. 죽을 것 같은 목마름이었습니다. 그때 삼손이 처음으로 하나님을 찾았습니다. 그는 이 모든 것이 하나님이 자신을 통해 하신 일임을 고백했습니다. 그리고 하나님께 긍휼을 베풀어달라고 부르짖었습니다. "삼손이 심히 목이 말라 여호와께 부르짖어 이르되 주께서 종의 손을 통하여 이 큰 구원을 베푸셨사오나 내가 이제 목말라 죽어서 할례 받지 못한 자들의 손에 떨어지겠나이다 하니"(18절).

삼손이 드디어 처음으로 간절히 하나님을 찾고 있습니다. 그분께 도움을 청하고 있습니다. 여러분이 하나님이라면 어떻게 하겠습니까? 지금까지 삼손은 하나님을 배신했고, 죄를 지었고, 베풀어준 은혜를 잊었습니다. 나실인으로서의 거룩함을 버렸습니다. 블레셋 이방 여인을 취했습니다. 성령의 능력을 개인적인 복수에 썼습니다. 그뿐입니까? 하나님께서 방금 전 레히에서의 죽을 위기에서 긍휼을 베풀어주셨을 때도 감사하지 않았습니다. 그랬던 삼손이 정작 목이 말라 죽을 지경이 되자 하나님을 찾았습니다. 처음으로 간절하게 찾았습니다. 여러분이 하나님이라면 어떻게 하겠습니까?

그런데 놀랍게도 하나님은 이런 삼손에게 다시 긍휼을 베풀어주셨습니다. 삼손의 부르짖음에 응답해주신 것입니다. 우리가 믿는 하나님이 이런 분이십니다. "하나님이 레히에서 한 우묵한 곳을 터뜨리시니 거기서 물이 솟아나오는지라 삼손이 그것을 마시고 정신이 회복되어 소생하니 그러므로 그 샘 이름을 엔학고레라 불렀으며 그 샘이 오늘까지 레히에 있더라"(19절). 하나님은 레히의 우묵한 곳에서 샘이 솟아나게 하셨습니다. 삼손은 솟아나오는 물을 마시고 정신이 회복되었습니다. 그래서 그곳의 이름을 '엔학고레'라고 불렀습니다. '부르짖은 자의 샘'이라는 뜻입니다. 여러분에게 중요한 질문을 던지겠습니다. 레히의 우묵한 곳에서 물이 터져 나오기 전에 먼저 터진 것이 무엇입니까? 그렇습니다. 삼손의 기도였습니다. "여호와께 부르짖어 이르되 …." 삼손의 간절한 기도가 먼저 터져 나왔습니다. 그 후에 물이 터져 나온 것입니다. 그래서 그 이름이 엔학고레, '부르짖은 자의 샘'이 된 것입니다.

얼마 전 한 교회에 말씀을 전하러 갔다가 우연히 식사 자리에 동석한 정 집사님이라는 분의 간증을 들었습니다. 정 집사님의 어머니는 신실한 권사님이셨습니다. 그래서 돌아가시기 전까지 아들이 물심양면으로 교회를 돕는 신실한 일꾼이 되기를 늘 기도했다고 합니다. 정 집사님은 30대 초반에 작은 사업을 시작했는데 빠른 시간에 번창했고, 그 덕분에 많은 재산도 모았습니다. 그런데 그 순간 이상하게 신앙이 흔들리고 교회보다는 세상이, 믿음의 동역자보다는 세상 친구가 좋아졌습니다. 그래서 세상에서 놀고 취하며 어둠 속에서 죄 짓는 생활을 했습니다. 그러던 중 사업체가 부도가 났습니다. 순식간에 모아둔 재산이 날아가고, 몸까지 병들었습니다. 그러자 그 좋다던 세상 친구들도 하나둘씩 자신을 떠났습니다. 삶의 의욕을 잃어버리고, 우울증에 걸렸습니다. 하루는 너무 힘들어 죽고 싶은 마음에 높은 건물 옥상에 올라갔는데, 그 순간 먼저 천국에 가신 어머니가 생각났습니다. 그리고 어릴 적 어머니와 손을 잡고 주일학교에 가서 배웠던 찬양이 떠올라 작은 소리로 불러보았습니다. "예수 사랑하심은 거룩하신 말일세 … 날 사랑하심…" 순간 눈물이 흐르며 하나님이 자신이 돌아오기를 기다리고 계신다는 것을 깨달았습니다. 정 집사님은 그 자리에서 무릎을 꿇고 회개하며 다시 믿음을 달라고 눈물로 기도했습니다. 그 후 정 집사님의 건강은 점차 회복되었습니다. 작지만 건실한 사업체도 다시 시작할 수 있었습니다. 이 시점을 계기로 정 집사님은 시간이 날 때마다 교회를 섬기고, 자신이 가진 물질로 교회를 꾸준히 돕고 있다고 했습니다. 어떻게 정 집사님에게 이런 놀라운 변화가 일어났을까요? 인생의 마지막 순간에 눈물의 기도로 하나님의 긍휼을 경험했기 때문입니다.

결론

여기 인생의 문제 때문에 목이 말라 죽을 것 같은 분이 계십니까? 은혜의 물이 터져 나오고, 그 은혜로 삶의 문제가 해결되길 원하십니까? 죽을 것 같은 고난의 자리를 은혜가 흐르는 엔학고레로 만들고 싶습니까? 그렇다면 삼손처럼 긍휼을 베푸시는 하나님께 부르짖어야 합니다. 하나님 앞에서 무슨 자존심을 찾겠습니까. 오늘 우리가 긍휼을 베푸시는 하나님께 삼손처럼 간절히 부르짖을 수 있기를 바랍니다. 그래서 우리의 절망의 자리에서 하나님의 긍휼이 터져 나오는 엔학고레를 경험할 수 있기를 바랍니다.

———— 책 을 마 치 며

천 병(天病), 그 것 에 걸 려 야 한 다

설교자로 살아간다는 것은 기쁨과 긴장을 동시에 벗 삼아 지내는 것을 의미한다. 최선을 다해 준비한 설교가 청중의 눈물과 결단으로 열매 맺을 때 설교자는 무엇과도 바꿀 수 없는 기쁨을 누린다. 그러나 매주 몇 번씩 해야 하는 설교시간이 다가올 때 느껴지는 긴장감은 표현하기 어려운 묘한 고통이다. 설교자는 이렇게 기쁨과 긴장의 산을 오르내리며 힘겨운 사역의 길을 간다. 그렇다면 왜 설교자들은 이 두 산을 오르내리는 수고를 감내하면서 이 길을 가고 있는 것일까. 나의 대답은 '천병'(天病)에 걸렸기 때문이다. 천병, 하늘이 내린 병에 걸렸다는 것이 무엇을 말하는 것일까. 예레미야는 다음과 같이 말한다.

"내가 말할 때마다 외치며 파멸과 멸망을 선포하므로 여호와의 말씀으로 말미암아 내가 종일토록 치욕과 모욕 거리가 됨이니이다 내가 다시는 여호와를 선포하지 아니하며 그의 이름으로 말하지 아니하리라 하면 나의 마음이 불붙는 것 같아서 골수에 사무치니 답답하여 견딜 수 없나이다"(렘 20:8-9).

예레미야 선지자는 하나님께서 말씀하신 대로 이스라엘의 파멸과 멸망을 선포했다. 그 결과 그는 백성들에게서 많은 신체적, 심적 고통을 받았다. 예레미야는 이런 고초를 받을 때마다 다시는 하나님의 말씀을 선포하지 않겠다고 생각했다. 인간적으로 생각해보면 그의 이런 결심은 당연한 것이었다. 그러나 그 결심은 오래가지 않았다. 자신에게 임한 하나님의 말씀을 전하지 않으면 마음이 불붙는 것 같았다. 골수에 사무치는 느낌을 받았다. 답답해서 도저히 견딜 수가 없었다. 그래서 결국 다시 백성들 앞에서 목숨을 걸고 하나님의 말씀을 외쳤다.

말씀을 전하지 않으면 답답해서 견딜 수 없는 현상, 이것이 바로 천병이다. 이 병에 걸린 자는 죽을 때까지 하나님의 말씀을 선포하며 살아야 한다. 나는 내가 천병에 걸린 것에 감사한다. 내 안에 스며들어 들리는 하나님의 음성을 전하지 않으면 참을 수 없다는 것이 참 기쁘다. 나는 더 많은 사람이 천병에 걸렸으면 좋겠다. 시시한 세상의 소리가 아닌 진리의 소리를 이 땅에 외치는 사람이 많아지길 기대하고 있다. 말씀으로 불타는 마음, 말씀이 골수에 사무치는 인생, 죽어도 전하고자 하는 하나님의 사람들만이 이 세상을 바꿀 수 있기 때문이다. 하나님은 이 책을 읽고 있는 당신이 그런 사람이 되길 바라신다. "풀은 마르고 꽃은 시드나 우리 하나님의 말씀은 영원히 서리라 하라"(사 40:8).

Part 1 ·

1) 이어지는 세 부분(고민을 멈춘 순간 설교의 발전도 멈춘다 / 설교의 다양성, 텍스트가 답이다 / 설교의 진정성, 텍스트가 답이다)은 다음의 책에서 저자의 글을 약간 수정 보완해서 사용한 것임을 밝힌다. 권호, 임도균, 김대혁, 박현신, 『새강해설교』(서울: NEP, 2016), pp.17-20.

2) 설교에서 고전 수사학의 수용과 활용에 대해서는 다음을 참고하라. Augustine of Hippo, *Teaching Christianity*, ed. John E. Rotelle, trans. Edmund Hill (New York: New City Press, 1996), 201-41.

3) 예를 들면 다음과 같은 책이다. Bert Decker, *You've Got to Be Believed to Be Heard* (New York: St. Martin's Press, 1991).

4) 정찬균, "한국 교회와 설교: 한국 교회 설교가 직면하고 있는 도전들", 한국복음주의신학회 제61차 정기논문발표집, pp.36-46.

5) Daniel L. Akin, David L. Allen, and Ned L. Mathews, *Text-Driven Preaching: God's Word at the Heart of Every Sermon* (Nashville: B&H Publishing, 2010), 7. 『본문이 이끄는 설교』, 김대혁, 임도균 역(서울: 베다니출판사, 2016).

6) 현대 설교학의 다양한 흐름과 주요 설교학자들의 핵심적 이론을 살피기 원한다면 다음의 책을 참고하라. 권호, 임도균, 김대혁, 박현신, 『새강해설교』, pp.25-44.

7) 신약성경에 나타난 설교와 관련된 간략하면서도 효과적인 단어 연구를 위해 다음 글을 참고하라. Richard L. Mayhue, *'Rediscovering Expository Preaching' in Preaching: How to Preach Biblically*, ed. John MacArthur (Nashville: Thomas Nelson, 2005), 5-7.

8) Gerhard Friedrich, "κηρύσσω" in *The Theological Dictionary of the New Testament, vol. 3*, ed. Gerhard Kittel, trans. Geoffrey W. Bromiley (Grand Rapids: Eerdmans, 2006), 697.

9) John Stott, *Between Two Worlds: The Art of Preaching in the Twentieth Century* (Grand Rapids: Eerdmans, 1982), 137.

10) 이 부분은 다음의 책에서 저자의 글을 약간 수정 보완해서 사용한 것임을 밝힌다. 권호, 임도균, 김대혁, 박현신, 『새강해설교』, pp.48-52.

11) 이런 관점에서 롱은 내용과 형식이 분리될 수 없음을 강조하기 위해 '내용의 형식'(form of the content)이라는 표현을 썼다. Thomas G. Long, *Preaching and the Literary Forms of the Bible* (Philadelphia: Fortress Press, 1989), 11-13, 23-35.

12) 이 점에 관해서는 다음의 중요한 아티클을 참고하라. Haddon W. Robinson, 'The Heresy of Application' in *The Art and Craft Biblical Preaching*, eds. Haddon W. Robinson and Craig B. Larson (Grand Rapids: Zondervan, 2005).

13) Stephen F. Olford and David L. Olford, *Anointed Expository Preaching* (Nashville: B&H Publishing Group, 1998), 256.

14) Daniel L. Akin, David L. Allen, and Ned L. Mathews, *Text-Driven Preaching*, 107, 271-89.

15) Hershael W. York and Bert Decker, *Preaching with Bold Assurance: A Solid and Enduring Approach to Engaging Exposition* (Nashville: B&H, 2003), 60-62. 『확신 있는 설교』, 신성욱 역(서울: 생명의말씀사, 2008).

16) 다음 책에 실린 알렌의 글을 참조하라. Akin, Allen, and Mathews, *Text-Driven Preaching*, 104.

17) James W. Cox, *Preaching: A Comprehensive Approach to the Design and Delivery of Sermons* (Eugene: Wipf and Stock, 1993), 163.

18) Calvin Miller, *Preaching: The Art of Narrative Exposition* (Grand Rapids: Baker, 2006), 162-63. 『설교: 내러티브 강해의 기술』, 박현신 역(서울: 베다니출판사, 2009).

Part 2 ·······················

19) 저자가 제시하는 설교 준비 5단계는 저자의 스승 로빈슨(Haddon Robinson)의 설교 준비 10단계를 수정 및 보완한 것이다. 로빈슨의 10단계 중 너무 세부적으로 나뉜 부분들은 통합시키고, 중요한 개념이 빠져있는 것은 추가했다. 이 과정을 거치면서 본문이 이끄는 설교를 위한 핵심 5단계가 만들어졌다.

1장 ──

20) Haddon W. Robinson, *Biblical Preaching: The Development and Delivery of Expository Message*, 2nd ed. (Grand Rapids: Backer, 2001), 54-56.『강해설교』, 박영호 역(서울: 기독교문서선교회, 2007).

21) Peter T. O'Brien, *The Letter to the Ephesians, Pillar New Testament Commentary* (Grand Rapids: Eerdmans, 1999), vi-vii.

22) C. H. Spurgeon, *The Autobiography of Charles H. Spurgeon, vol. 2* (Chicago: F. H. Revell Company, 1899), 66; D. M. Llyod-Jones, *The Puritans: Their Origins and Successors* (Carlisle, PA: The Banner of Truth Trust, 1987), 104.

23) E. C. Dargan, *A History of Preaching, vol. 2* (New York: G. H. Doran Company, 1912), 307.

24) George Whitefield, *George Whitefield's Journals*, ed. John Gillies (Carlisle, PA: The Banner of Truth Trust, 2001), 60.

25) F. F. Bruce, *The Epistle to the Hebrews, The New International Commentary on the New Testament* (Grand Rapids: Eerdmans, 1990), vii-x.

26) William D. Mounce, "smelt" in *Mounce's Complete Expository Dictionary Old and New Testament Words* (Grand Rapids: Zondervan, 2006), 665.

27) James E. Rosscup, "성경 해석학과 강해 설교", in John MacArthur, 『설교론: 어떻게 성경적으로 설교할 것인가』, 박성창 역(서울: 부흥과개혁사, 2012), pp.203-204.

28) 헬라어에서 동사와 분사의 관계에 대해서는 다음을 참고하라. William D.

Mounce, *Basics of Biblical Greek Grammar*, 2nd ed. (Grand Rapids: Zondervan, 2003), 239-78; Daniel B. Wallace, *Greek Grammar Beyond the Basics* (Grand Rapids: Zondervan, 1996), 613-54.

29) Rosscup, "성경 해석학과 강해 설교", p.204.

30) Bryan Chapell, *Christ-Centered Preaching: Redeeming the Expository Sermon*, 2nd ed. (Grand Rapids: Baker, 2005), 113-4.『그리스도 중심의 설교』, 엄성옥 역 (서울: 은성출판사, 2016).

31) Hershael W. York and Bert Decker, *Preaching with Bold Assurance: A Solid and Enduring Approach to Engaging Exposition* (Nashville: B&H Publishing, 2003), 54-56.

32) 저자의 고린도전서 13장 설교의 일부로, 설교 작성 시 고린도의 배경은 다음 서적을 참고했다. Scott J. Hafemann, "Corinthians" in *Dictionary of Paul and His Letters*, Gerald F. Hawthorne, Ralph P. Martin, and Daniel G. Reid, eds. (Downer Grove, IL: IVP, 1993), 172-73.

33) Longman III and Dillard, *An Introduction to the Old Testament*, 38.『최신 구약개론』, 박철현 역(서울: CH북스, 2009).

34) Z. Weisman, "National Consciousness in the Patriarchal Promises," *Journal for the Study of the Old Testament 31* (1985), 57. 창세기에 나타난 톨레돗 구조와 그 중요성에 대해서는 다음을 참고하라. Martin Woudstra, "The Toledoth of the Book of Genesis and Their Redemptive-Historical Significance," *Calvin Theological Journal 5/2* (1970): 187.

35) 출애굽 연대를 15세기로 볼 것인지 13세기로 볼 것인지의 논쟁이 있지만, 본 논문은 한국 교회 성도들에게 익숙한 전통적 입장의 15세기 출애굽 이론을 따르고 있다.

36) K. A. Kitchen, *On the Reliability of the Old Testament* (Grand Rapids: Eerdmans, 2003), 248-54.

37) Kenneth A. Mathews, *Genesis 1-11:26, The New American Commentary, vol. 1a* (Nashville: Broadman & Holman Publishers, 1996), 52-53.『NAC 창세기1』, 권대영 역(서울: 부흥과개혁사, 2018).

38) Sidney Greidanus, "Preaching Christ form the Creation Narrative," *Bibliotheca Sacra 161* (2004): 132-33.

2장 ——

39) John A. Broadus, *On the Preparation and Delivery of sermons*, 4th ed., rev. Vernon L. Stanfield (New York: Harper & Row, 1979), 38.

40) H. Grady Davis, *Design for Preaching* (Philadelphia: Fortress, 1958), 35-39.

41) John Stott, *Between Two Worlds: The Art of Preaching in the Twentieth Century* (Grand Rapids: Eerdmans, 1982), 224-27.

42) Haddon W. Robinson, *Biblical Preaching: The Development and Delivery of Expository Message*, 2nd ed. (Grand Rapids: Backer, 2001), 35-42, 66-70.

43) Edward F. Marquart, *Quest for Better Preaching: Resources for Renewal in the Pulpit* (Minneapolis: Augsburg Pub. House, 1985), 101.

44) Jerry Vines and Jim Shaddix, *Power in the Pulpit: How to Prepare and Deliver Expository Sermons* (Chicago: Moody Press, 1996), 132-33.

45) John MacArthur, 'A Study Method for Expository Preaching' in *Preaching: How to Preach Biblically*, ed. John MacArthur (Nashville: Thomas Nelson, 2005), 180. 『설교론: 어떻게 성경적으로 설교할 것인가』, 박성창 역(서울: 부흥과개혁사, 2012).

46) Calvin Miller, *Preaching: The Art of Narrative Exposition* (Grand Rapids: Baker, 2006), 105.

47) J. H. Jowett, *The Preacher, His Life and Work* (New York: Doran, 1912), 133.

48) Robinson, *Biblical Preaching*, 41-49, 66-72.

49) John I. Durham, *Exodus, Word Biblical Commentary, vol. 3* (Waco, TX: Word Books, 1987), 182-187; Douglas K. Stuart, *Exodus, The New American Commentary, vol. 2* (Nashville: Broadman, 2006), 321-26. 더럼은 본문이 '출애

굽 경로'에 관한 내용을 다루고 있다고 본다. 스튜어트는 본문을 '정상적인 길이 아닌 이유'(reasons for an irregular route)이라는 제목으로 이스라엘의 첫 출애굽 경로에 관한 내용을 다루고 있다.

50) Bryan Chapell, *Christ-Centered Preaching: Redeeming the Expository Sermon*, 2nd ed. (Grand Rapids: Baker, 2005), 110.

3장 ──

51) John Stott, *Between Two Worlds: The Art of Preaching in the Twentieth Century* (Grand Rapids: Eerdmans, 1982), 137.

52) Daniel L. Akin, David L. Allen, and Ned L. Mathews, *Text-Driven Preaching: God's Word at the Heart of Every Sermon* (Nashville: B&H Publishing, 2010), 272.

53) Keith Willhite, *Preaching with Relevance: Without Dumbing Down* (Grand Rapids: Kregel, 2001), 17.

54) Willhite, *Preaching with Relevance*, 17.

55) Bryan Chapell, *Christ-Centered Preaching: Redeeming the Expository Sermon*, 2nd ed. (Grand Rapids: Baker, 2005), 48-51.

56) Chapell, *Christ-Centered Preaching*, 48-51.

57) Chapell, *Christ-Centered Preaching*, 105-06.

58) Paul Scott Wilson, *The Four Pages of the Sermon: A Guide to Biblical Preaching* (Nashville: Abingdon Press, 1999). 『네 페이지 설교』, 주승준 역(서울: 예배와 설교아카데미, 2010).

59) Paul Scott Wilson, *The Four Pages of the Sermon*, 107. 밑줄, 저자 강조.

60) Haddon Robinson, 'The Heresy of Application' in *The Art and Craft Biblical Preaching*, eds. Haddon W. Robinson and Craig B. Larson (Grand Rapids: Zondervan, 2005), 308.

61) Haddon W. Robinson, *Biblical Sermons: How Twelve Preachers Apply the Principles of Biblical Preaching* (Grand Rapids: Baker, 1989), 21-22.

62) Chapell, *Christ-Centered Preaching*, 48-51.

63) Chapell, *Christ-Centered Preaching*, 304.

64) Wilson, *The Four Pages of the Sermon*, 158.

65) Wilson, *The Four Pages of the Sermon*, 200. 실례로 제시된 것이 명확치 않은 부분이 있어서 약간 수정해서 사용했다.

66) Robinson, '*The Heresy of Application*', 308.

67) Walter C. Kaiser, Jr., *Toward an Old Testament Theology* (Grand Rapids: Zondervan, 1978), 1-54. Sidney Greidanus, *Preaching Christ from the Old Testament: A Contemporary Hermeneutical Method* (Grand Rapids: Eerdmans, 1999), 177-225. 월터 카이저, 『구약 성경신학』, 최종진 역(서울: 생명의말씀사, 2003); 시드니 그레이다누스, 『구약의 그리스도 어떻게 설교할 것인가?』, 김진섭 외 역(서울: 이레서원, 2002).

68) 브루스 월트키, 『구약신학』, 김귀탁 역(서울: 부흥과개혁사, 2007), p.313.

69) Keith Willhite, *Preaching with Relevance: Without Dumbing Down* (Grand Rapids: Kregel, 2001), 17.

70) Donald R. Sunukjian, *Invitation to Biblical Preaching: Proclaiming Truth with Clarity and Relevance* (Grand Rapids: Kregel Publications, 2007), 106.

71) David Veerman, 'Apply Within' in *The Art and Craft Biblical Preaching*, eds. Haddon W. Robinson and Craig B. Larson (Grand Rapids: Zondervan, 2005), 285.

72) Willhite, *Preaching with Relevance*, 17.

73) Robinson, *Biblical Preaching*, 87.

4장 ──

74) 다음의 책에서 인용되었다. John A. Broadus, *On the Preparation and Delivery of sermons*, 4th ed., Vernon L. Stanfield (New York: Harper & Row, 1979), 165.

75) Broadus, *On the Preparation and Delivery of sermons*, 165.

76) Timothy S. Warren, "A Paradigm for Preaching," Bibliotheca Sacra 148 (October-December 1991): 473.

77) Howard G. Hendricks and William D. Hendricks, *Living by the Book: The Art and Science of Reading the Bible* (Chicago: Moody, 2007), 289. 『삶을 변화시키는 성경연구』, 정현 역(서울: 디모데, 2012).

78) Haddon Robinson, 'The Heresy of Application' in *The Art and Craft Biblical Preaching*, eds. Haddon W. Robinson and Craig B. Larson (Grand Rapids: Zondervan, 2005), 306.

79) David L. Larsen, *The Anatomy of Preaching: Identifying the Issues in Preaching Today* (Grand Rapids: Kregel Publications, 1989), 98.

80) Daniel L. Akin, David L. Allen, and Ned L. Mathews, *Text-Driven Preaching: God's Word at the Heart of Every Sermon* (Nashville: B&H Publishing, 2010), 271-74.

81) Jerry Vines and Jim Shaddix, *Power in the Pulpit: How to Prepare and Deliver Expository Sermons* (Chicago: Moody Press, 1996), 123-24.

82) Hershael W. York and Bert Decker, *Preaching with Bold Assurance: A Solid and Enduring Approach to Engaging Exposition* (Nashville: Broadman, 2003), 188-90.

83) Donald R. Sunukjian, *Invitation to Biblical Preaching: Proclaiming Truth with Clarity and Relevance* (Grand Rapids: Kregel Publications, 2007), 73-84, 163-81.

84) York and Decker, *Preaching with Bold Assurance*, 145, 190. 요크도 종종 '구체적 적용'(specific application)이라는 용어를 사용하기도 한다.

85) 저자의 엡 5:25 설교 중.

86) 같은 곳.

87) Robinson, 'The Heresy of Application,' 309.

88) Robinson, 'The Heresy of Application,' 309.

89) Robinson, 'The Heresy of Application,' 309.

90) David Veerman, 'Apply Within' in *The Art and Craft Biblical Preaching*, eds. Haddon W. Robinson and Craig B. Larson (Grand Rapids: Zondervan, 2005), 286-288.

91) Robinson, *Biblical Preaching*, 87.

92) Vines and Shaddix, *Power in the Pulpit,* 183. York and Decker, *Preaching with Bold Assurance*, 144.

93) Tony Merida, *Faithful Preaching: Declaring Scripture with Responsibility, Passion, and Authenticity* (Nashville: B&H Publication, 2009), 106. 『설교다운 설교』, 김대혁 역(서울: 기독교문서선교회, 2016).

94) Keith Willhite, *Preaching with Relevance: Without Dumbing Down* (Grand Rapids, Kregel Publications, 2001), 31. 이와 관련된 청중 분석(audience analysis)에 대해서는 다음 페이지를 참고하라. 24-33.

5장 ———

95) Haddon W. Robinson, *Biblical Preaching: The Development and Delivery of Expository Message*, 2nd ed. (Grand Rapids: Backer, 2001), 116-31. 로빈슨은 이 분류를 연역적 방식(deductive arrangement), 반연역적 방식(semi-inductive arrangement), 귀납적 방식(inductive arrangement)이라는 용어로 표현했다. 여기서 반연역적 방식이 필자가 설명하게 될 혼합적 방식이다. 혼합적 방식에는 반연역적 방식도 있지만 대지를 살려주는 반귀납적 방식도 있기 때문에, 넓은 개념을 포함하는 용어가 사용되는 것이 더 적합하다.

96) Ronald J. Allen, *Preaching the Topical Sermon* (Louisville, John Knox Press, 1992), 11.

97) Sidney Greidanus, *The Modern Preacher and the Ancient Text: Interpreting and Preaching Biblical Literature* (Grand Rapids: Eerdmans, 1998), 144. 귀납적 설교의 중요한 시작을 알린 크래독의 다음 글을 확인하라. 그는 귀납적 설교를 설명할 때 '대지'(point) 대신 '움직임'(movement)이라는 용어를 사용했다. Fred B. Craddock, *As One Without Authority*, rev. ed (St. Louis: Chalice, 2001), 52-62, 113-25.

98) Fred B. Craddock, *Preaching* (Nashville: Abingdon, 1985), 165-68. 『설교』, 김영일 역(서울: 컨콜디아사, 1989).

99) Greidanus, *The Modern Preacher and the Ancient Text*, 143. Robinson, *Biblical Preaching*, 124-29.

100) Bryan Chapell, *Christ-Centered Preaching: Redeeming the Expository Sermon*, 2nd ed. (Grand Rapids: Baker, 2005), 116.

101) Robinson, *Biblical Preaching*, 134.

102) Chapell, *Christ-Centered Preaching*, 347-49. 채플은 개요원고를 '아웃라인 메시지'(outlined message)라는 용어로 설명했다.

103) Chapell, *Christ-Centered Preaching*, 346-47.

104) 완전원고의 장점, 단점, 효과적 작성법에 대해서는 다음을 참고하라. Jeffrey D. Arthurs, 'No Notes, Lots of Notes, Brief Notes' in *The Art and Craft Biblical Preaching*, eds. Haddon W. Robinson and Craig B. Larson (Grand Rapids: Zondervan, 2005), 603-06.

105) 권호, "바울, 갑을관계를 뒤집다", 〈기독신문〉 2017년 6월 27일자.

106) Jerry Vines and Jim Shaddix, *Power in the Pulpit: How to Prepare and Deliver Expository Sermons* (Chicago: Moody Press, 1996), 202-03.

107) 저자의 삼상 17:31-40 설교 중.

108) Robinson, *Biblical Preaching*, 103-04. 『강해설교』, 박영호 역(서울: 기독교

문서선교회, 2007).

109) Tony Merida, *Faithful Preaching: Declaring Scripture with Responsibility, Passion, and Authenticity* (Nashville: B&H Publication, 2009), 98-112. Hershael W. York and Bert Decker, *Preaching with Bold Assurance: A Solid and Enduring Approach to Engaging Exposition* (Nashville: Broadman, 2003), 144-45. Robinson, *Biblical Preaching*, 139-163. Vines and Shaddix, *Power in the Pulpit*, 173-74, 206-07.

110) 저자의 엡 6:11 설교 중.

111) 저자의 엡 1:7 설교 중.

112) 팀 켈러,『팀 켈러의 기도』, 최종훈 역(서울: 두란노, 2015), p.43.

113) 저자의 삼상 3:1-20 설교 중.

114) Richard L. Mayhue, 'Introductions, Illustrations, and Conclusions' in *Preaching: How to Preach Biblically*, ed. John MacArthur (Nashville: Thomas Nelson, 2005), 204-07. York and Bert Decker, *Preaching with Bold Assurance*, 168-73.

115) 권호, "긍휼, 엔학고레를 주시는 은혜",《그말씀》(서울: 두란노 2018년 3월호), pp.100-101.

116) 스누키언의 2009년 Southwestern Baptist Theological Seminary 설교특강 강의안. 스누키언에게 영향을 준 다음의 글도 참고하라. Robinson, *Biblical Preaching*, 156-60.

117) Vines and Shaddix, *Power in the Pulpit*, 195.

118) Merida, *Faithful Preaching*, 110-11.

119) Donald R. Sunukjian, *Invitation to Biblical Preaching: Proclaiming Truth with Clarity and Relevance* (Grand Rapids: Kregel Publications, 2007), 270-71. Robinson, *Biblical Preaching*, 140-42.

120) Daniel L. Akin, David L. Allen, and Ned L. Mathews, *Text-Driven Preaching: God's Word at the Heart of Every Sermon* (Nashville: B&H Publishing, 2010),

132-33. 214.

121) Robinson, *Biblical Preaching*, 166-175. 이어지는 내용은 로빈슨이 제시한 서론의 분류에 저자가 몇 가지를 추가한 것이다. 각 분류의 내용은 저자가 새롭게 작성했다.

122) Al Fasol, Roy Fish, Steve Gaines, and Ralph D. West, *Preaching Evangelistically: Proclaiming the Saving Message of Jesus* (Nashville: B&H, 2006), 57. York and Bert Decker, *Preaching with Bold Assurance*, 174.

123) David L. Larsen, *The Anatomy of Preaching: Identifying the Issues in Preaching Today* (Grand Rapids: Kregel Publications, 1989), 123-28. Robinson, *Biblical Preaching*, 176-81.

124) Calvin Miller, *Preaching: The Art of Narrative Exposition* (Grand Rapids: Baker, 2006), 103-05.

125) Donald G. McDougall, 'Central Ideas, Outlines, and Titles' in *Preaching: How to Preach Biblically*, ed. John MacArthur (Nashville: Thomas Nelson, 2005), 198-99.

Part 3 ·

6장 ——

126) Ollie Malone, *101 Leadership Action for Effective Presentations* (Amherest: HRD Press, 2004), 83; Asha Kaul, *The Effective Presentation: Talk Your Way to Success* (London: Response Book, 2005), 187-88.

127) L. G. Parkhurst, *Charles G. Finney's Answers to Prayer* (Minneapolis: Bethany, 1983), 126-27.

128) Charles H. Spurgeon, *Lectures to My Students* (Grand Rapids: Zondervan, 1954).

129) Helmut Thielicke, *Encounter with Spurgeon* (Cambridge: Lutterworth Press, 2016), 55.

130) Larsen, *The Anatomy of Preaching*, 184-86.

131) Decker, *You've Got to be Believed to be Heard*, 83-84.

132) Peter A. Anderson, *Nonverbal Communication: Forms and Functions* (Mountain View, CA: Mayfield Publishing Company, 1999), 1-2.

133) Al Fasol, *A Complete Guide to Sermon Delivery* (Nashville: Broadman & Holman, 1996), 74.

134) Marry S. Hulst, *A Little Handbook for Preachers: Ten Practical Ways to a better Sermon by Sunday* (Downers Grove, IL: IVP, 2016), 141-48.

135) 다양한 목소리를 위한 훈련과 실제적인 조언을 위해 탁월한 책 두 권을 소개한다. G. Robert Jacks, *Getting the Word Across: Speech Communication for Pastor and Lay Leaders* (Grand Rapids: Eerdmans Publishing, 1995); Fasol, *A Complete Guide to Sermon Delivery*.

136) Haddon W. Robinson, *Biblical Preaching: The Development and Delivery of Expository Message*, 2nd ed. (Grand Rapids: Backer, 2001), 210-11.

137) Terrry G. Carter, J Scott Duvall, J. Daniel Hays, *Preaching God's Word: A Hands-On Approach to Preparing, Developing, and Delivering the Sermon* (Grand Rapids: Zondervan, 2005),160. 『성경설교』, 김창훈 역(서울: 성서유니온선교회, 2009).

138) Hershael W. York and Bert Decker, *Preaching with Bold Assurance: A Solid and Enduring Approach to Engaging Exposition* (Nashville: Broadman, 2003), 228-29.

139) Decker, *You've Got to be Believed to be Heard*, 86-91.

140) John Piper, *The Supremacy of God in Preaching* (Grand Rapids, Baker Books, 2005), 84. 『하나님을 설교하라』, 박혜영 역(서울: 복있는사람, 2012).

7장 ——

141) 권호, "이 주일의 설교", 〈기독신문〉, 2017년 6월 13일자, 21면.

142) 권호, "이 주일의 설교", 〈기독신문〉, 2017년 6월 27일자, 21면.

143) 권호, '주제별 성경연구', 《그말씀》 (서울: 두란노, 2018년 3월호), pp.94-101.

본문이 살아있는 설교

초판 1쇄 발행 2018년 07월 04일
초판 8쇄 발행 2022년 12월 12일

지은이   권호

펴낸이   곽성종
기획편집   방재경
디자인   투에스

펴낸곳   (주)아가페출판사
등록   제21-754호(1995. 4. 12)
주소   (08806) 서울시 관악구 남부순환로 2082-33 (남현동)
전화   584-4835 (본사)   522-5148 (편집부)
팩스   586-3078 (본사)   586-3088 (편집부)
홈페이지   www.agape25.com
판권   ⓒ 2018 권호
ISBN   979-11-89225-04-9 (03230)

서지정보유통지원시스템 홈페이지(http://seoji.nl.go.kr)와
국가자료공동목록시스템(http://www.nl.go.kr/kolisnet)에서
이용하실 수 있습니다.
(CIP제어번호: CIP2018019035)

아가페 출판사